図解でわかる

経営の基本
いちばん最初に読む本

中小企業診断士
六角明雄

アニモ出版

はじめに

　規制緩和が進むなか、かつては難しかった起業が容易になり、それに
つれて経営に関心をもつ方も増えています。

　その一方で、「経営とは何？」という問いに答えられる方は意外と少
ないのではないのでしょうか？

　大辞泉によれば、経営とは「事業目的を達成するために、継続的・計
画的に意思決定を行なって実行に移し、事業を管理・遂行すること」と
ありますが、これは、言葉の定義であり、日々進化しているビジネスに
携わっている方からみれば、ほんの一部分にしかすぎない説明でしょう。

　そこで、ビジネスに携わる方々に、この捉えがたい「経営」を体系的
に理解していただくことを目的に本書を上梓しました。

　ところで、経営は、「ひと」「もの」「かね」の３つの理論から成り立
っています。そして、その活動は、無機的な「もの」と「かね」ではな
く、有機的な「ひと」によってなされるものです。

　したがって、経営は有機的なものとしてとらえることが大切であると
いうことを最初にお伝えしたいと思います。そこで、本書は、「ひと」
の論理の説明に比重を置くことになりました。

　１章は、器としての会社についての説明です。会社の機能は、企業・
事業・経営の３つに分かれていますが、それは「ひと」の役割がどのよ
うに分担されているかということでもあります。

　２章は、主に組織論について説明しています。これは、「ひと」の感
情の論理であり、経営に関わる最も有機的な部分です。それだけに理解
が難しい分野ですが、経営が難しいと感じられる部分は、その多くがこ
の「ひと」の感情の論理に起因しているといえるでしょう。したがって、
組織論を学ぶことは、困難な課題を解決するときの大きな手がかりとな
るはずです。

　３章は、主に具体的な組織の構成について説明しています。これは、
どのような経営を行なうか、どのような管理を行なうかという観点から

みて大切な要素です。

　4章は、さらに具体的な経営の手法を説明しています。多くの方が経営者の仕事としてイメージされる部分がこの章のテーマです。素早く実践的な経営について学びたいという方は、この章からお読みいただくとよいでしょう。

　5章は、経営戦略について説明しています。経営戦略は、1章から4章までの論理を踏まえて実践されるものであり、それらの論理と経営戦略の関係を理解していただく基本的なものについて解説しました。

　6章は、経営戦略を支える大きな役割を担う、マーケティングについて説明しています。成熟した日本では、かつての製品志向や販売志向ではなく、マーケティング志向の経営が求められており、現代の経営者にとって大きな力を注がなければならない分野です。

　7章は、「かね」の論理、すなわち会計について説明しています。ただし、本書は経営に関する知識が主なテーマであり、経営者としてどのような視点で会計に臨めばよいかという点に絞って説明しています。

　なお、本書の執筆にあたって心がけたことは、単なる用語の羅列ではなく、さまざまな論理が有機的に関係している経営を、わかりやすく理解していただきたいという視点で解説したことです。

　したがって、順を追ってお読みいただければ体系的な知識を身につけていただくことができるものと思っています。

　最後に、本書が多くのビジネスパーソンにとって、経営に関する疑問や課題の解消に役立つことができるものとなることを願っております。

2017年2月　　　　　　　　　　　　中小企業診断士　六角　明雄

図解でわかる経営の基本 いちばん最初に読む本

もくじ

はじめに

1章

会社のしくみと経営の基礎知識

1-1 会社の基本的なしくみとは ―――――― 12

1-2 経営とはどういうことか ―――――― 14

1-3 所有と経営の分離とは ―――――― 16

1-4 経営を担う会社の機関とは① ―――――― 18

1-5 経営を担う会社の機関とは② ―――――― 20

1-6 企業統治＝コーポレート・ガバナンスとは ――― 22

1-7 内部統制はなぜ重要なのか ―――――― 24

1-8 企業の社会的責任＝ＣＳＲとは ——————— 26

1-9 投資家との関係を強化するＩＲとは ——————— 28

1-10 フィランソロピーとメセナとは ——————— 30

📖 **知っとコラム**　公私企業接近の原理　32

2章

会社の「組織」のしくみと実践的な考え方

2-1 全人仮説、経済人仮説による組織の考え方 ——————— 34

2-2 協働システムと組織のつながり ——————— 36

2-3 組織の３要素とは何か ——————— 38

2-4 組織を調整し均衡させるためにはどうするか ——————— 40

2-5 公式組織と非公式組織の関係とは ——————— 42

2-6 組織における「権威」とは ——————— 44

2-7 「無関心圏」と命令に従う関係 ——————— 46

2-8 テイラーの科学的管理法とは ——————— 48

2-9 ファヨールの管理過程論とは ——————— 50

2-10 ホーソン実験とは ——————— 52

2-11 マズローとマグレガーとハーズバーグ ── 54
2-12 コンティンジェンシー理論とは ── 56

知っとコラム 日本的雇用制度の三種の神器　58

3章
組織管理のしかたと従業員教育の方法

3-1 組織の管理原則とは ── 60
3-2 ライン組織とファンクショナル組織 ── 62
3-3 なぜ事業部制組織が発生したのか ── 64
3-4 カンパニー制と持株会社の活用 ── 66
3-5 マトリックス組織とＳＢＵとは ── 68
3-6 ＯＪＴ、ＯｆｆＪＴ、ジョブ・ローテーションの特徴 ── 70
3-7 システム４理論、ＳＬ理論とは ── 72
3-8 ＱＣサークルと５Ｓ活動の活用 ── 74

知っとコラム 系列会社のつながり　76

4章

経営管理と経営計画の上手なすすめ方

4-1	経営理念で会社の目的やあり方を明確にする	78
4-2	経営戦略で道筋を示す	80
4-3	環境分析はどのように行なうか	82
4-4	戦略遂行のための管理体制はどうするか	84
4-5	ＥＲＰによって事業管理を行なう	86
4-6	ＩＳＯ9001の導入にはどんな効果があるか	88
4-7	ナレッジ・マネジメントとは	90
4-8	短期計画、長期計画とローリング・プランとは	94
4-9	コンティンジェンシー・プラン、事業継続計画とは	96

📖 知っとコラム　ドリルの穴　98

5章

会社が生き残るための成長戦略と競争戦略

5-1	製品と市場をマトリックスで考える	100

5-2	多角化戦略と相乗効果	102
5-3	多角化戦略のいろいろ	104
5-4	範囲の経済とは	106
5-5	ＰＰＭの考え方と活用法	108
5-6	経験曲線の活用	112
5-7	ポーターの基本戦略とは	114
5-8	コスト・リーダーシップ戦略の活用	116
5-9	地位別競争戦略の活用	118
5-10	コア・コンピタンスとブルー・オーシャン戦略	120

知っとコラム　デ・ファクト・スタンダード　122

6章

マーケティングのしくみと実践的活用法

6-1	マーケティングとはそもそも何か	124
6-2	セグメンテーションとターゲティングとは	126
6-3	ポジショニングによって特徴を明確にする	128
6-4	ＣＲＭ、ＦＳＰ、そしてＲＦＭ分析とは	130

6-5	ワントゥワン・マーケティングとは	132
6-6	ＡＩＤＭＡの法則とは	134
6-7	ブランドによるマーケティング効果	136
6-8	プロダクト・ミックスの活動とは	138
6-9	プロダクト・ライフ・サイクルの活用	140
6-10	価格政策に役立つ２つの方法	144
6-11	サービス・マーケティングとは	146

知っとコラム 情報リテラシー　148

7章
経営に役立つ財務管理のしかた

7-1	会計は経営者の最も重要な管理の対象	150
7-2	貸借対照表（Ｂ／Ｓ）のしくみを知っておく	152
7-3	損益計算書（Ｐ／Ｌ）のしくみを知っておく	154
7-4	Ｐ／Ｌの構造はどうなっているか	156
7-5	経営者が管理するのは利益と現金である	158
7-6	流動比率と固定長期適合率を把握する	160

7-7 売上高経常利益率と総資本経常利益をチェックする ― 162

7-8 自己資本比率と財務レバレッジで何がわかるのか ― 164

7-9 管理会計はなぜ必要なのか ― 166

7-10 CVP分析を活用する ― 168

知っとコラム クラウド会計　170

さくいん　171

カバーデザイン◎水野敬一
本文DTP＆図版＆イラスト◎伊藤加寿美（一企画）

1章

会社のしくみと経営の基礎知識

会社の3つの役割の ひとつが「経営を担 う役割」です。

1-1 会社の基本的なしくみとは

会社にはどんな役割があるのか

　会社にはいろいろな種類がありますが、本書では特に断わりのない限り、日本で最も典型的な形態である**株式会社**（指名委員会等設置会社および監査等委員会設置会社を除く）を前提に説明します。しかし、どのような会社や機関設計（株主総会などの機関を組み合わせること）であっても、経営のしくみは基本的には同じです。

　会社は役割によって、おもに次の3つに分けることができます。
①**意思決定を行なう役割**…株主総会、取締役会など
②**経営を担う役割**…………社長、取締役、幹部社員など
③**事業を担う役割**…………工場、店舗、営業部など

　これらの役割以外にも、経営や事業が適切に行なわれているかを監督する役割を担う、監査役、監査役会、社外取締役などもありますが、詳細な説明は専門書に譲ります。

　まず、**株主総会**は、会社に出資した人たち（株主）で構成される機関です。会社は、お金を出資して設立されることから、お金の結合した組織としての一面をもっています。そして、株主は出資の見返りとして配当を期待しているので、きちんと配当が得られるよう、株主総会で会社の運営に関して基本的な方針を決定します。

　なお、株主総会は頻繁に開くことはできないことから、日常的な意思決定は、株主総会で選任された取締役が取締役会を開いてこれを行ないます（取締役会が設置されていない会社は、取締役が意思決定を行ないます）。

　このような、意思決定を行なう役割を担う機関を本書では「**企業**」と呼ぶことにします。大企業や中小企業という言葉があるように、企業は事業を営む組織を指す「会社」と同じ意味で、しばしば使われますが、本書では、「**業**（＝ビジネス）**を企てる**」という会社の役割の一部を指す、狭義の企業として説明していきます。

◎会社における「企業」「経営」「事業」の役割◎

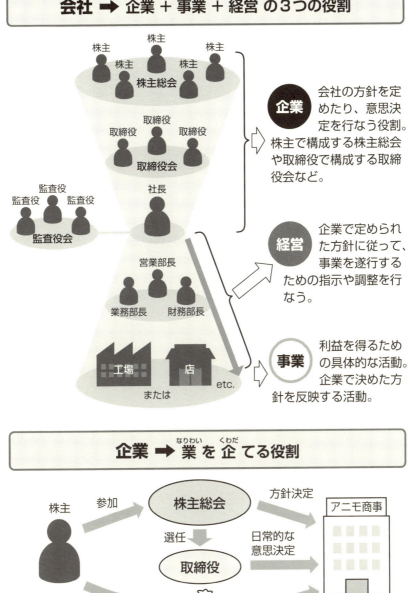

1-2 経営とはどういうことか

マネジメント＝うまくやりくりすることが経営

　次に、前項③の**事業**を担う役割について考えてみましょう。

　事業とは、**利益を得る活動**のことです。製造業では、「購買活動→生産活動→販売活動」の一連の活動と、それを支える「労務活動」（労働力の調達や提供）や「財務活動」（資金の調達や提供）などがあります。流通業では、「購買活動→販売活動」が中心的な活動であり、サービス業では「生産活動」が中心的な活動になります。

　そして、この事業は、前項で説明した「企業」が決定した方針を具体的に実践する活動でもあります。すなわち、企業が利益を得ようとする株主の意思を示す場である一方で、事業がその意思を受けて利益を得るための活動を行なう場であるとすれば、企業は「利益を得ようとする意思の主体」であり、事業は「その意思を反映させる対象（客体）である」といえます。

　最後に、前項②の**経営**について考えてみましょう。

　経営とは、企業の意思を実現するために、**事業活動の調整や維持を行なうこと**です。これは、ふだん私たちが使っている「マネジメントする」という言葉がちょうど当てはまります。

　マネジメント（Management）には「うまくやりくりする」という意味がありますが、経営とは、まさに限られた条件のもとで、利益を得る活動である事業をうまくやりくりすることです。だから、経営者はマネジメント（またはマネージャー）と呼ばれるのではないでしょうか。

　ところで、「私の会社はケーキ店だが、社長はオーナーパティシエとしていつもケーキを作っている」とか、「私の会社は工務店だが、社長は常に顧客訪問をして契約を取ってきている」という会社もあるでしょう。

　そのような会社では、社長が「うまくやりくりする」という場面はあまり見ないかもしれません。もちろん、ケーキを作ったり、契約を取ってきたりすることも会社にとっては大切な仕事であり、広い意味での「会

◎「事業の役割」「経営の役割」とは◎

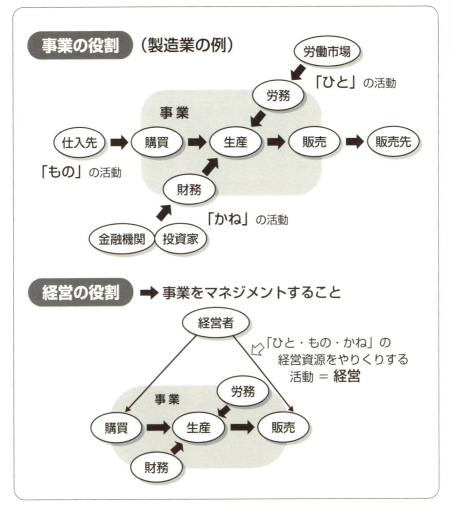

社を経営する」ということになります。

でも、たしかに「社長がやる仕事」はすべて広い意味での経営ですが、狭い意味での経営は「社長でないとできない仕事」を指します。たとえば、製造活動や営業活動は必ずしも社長でなくてもできますが、株主総会の方針に従って経営戦略を策定し、それを実行するための指示を出したり、新しいお店を出す、または大きな設備投資をするといった重要な意思決定を行なったりすることは、社長でなければできません。

1-3 所有と経営の分離とは

株主の立場と経営者の立場

　会社の運営に関して基本的な方針は「株主総会」で決定しますが、中小企業では、「会社の方針は社長がひとりですべて決めている」ということが多いでしょう。このような中小企業は、会社を設立するときに出資した株主が、そのまま経営者となっている会社なのでしょう。

　このような会社の場合、経営者が株主でもあるため、**意思決定は株主の立場で行ない、日常の管理は経営者の立場で行なっている**わけです（ただし、会社法では、決算の承認などのために株主総会を開くことが義務づけられており、経営者が株主を兼ねているからといって、株主総会を開催しなくてもよいということではありません）。

「所有と経営の分離」とはどういうことか

　では、出資者と経営者の関係について、歴史を追って整理してみましょう。

　かつて、中世から近世にかけて西洋で活躍した商人の営む商業では、資金の出資者は、経営者でもあり、事業も直接担っていました。つまり、企業・事業・経営を分けて考える必要はありませんでした。

　その後、近代的な事業が行なわれるようになると、いわゆる資本家が現われ、労働者を雇い、事業を行なうようになりました。この段階では、出資者が経営者でもありますが、事業を担っていたのは労働者ということになります。

　さらに事業規模が発展していくと、事業に必要な資金を資本家以外から募るようになりました。このころは、出資した人が必ずしも経営者ということではなくなりましたが、出資者として経営に参画していました。

　そして、さらに事業規模が拡大すると、不特定多数の人から出資を受ける株式会社の形態の会社によって事業が行なわれるようになりました。株式会社では、有価証券である株式の発行によって出資を受けることが

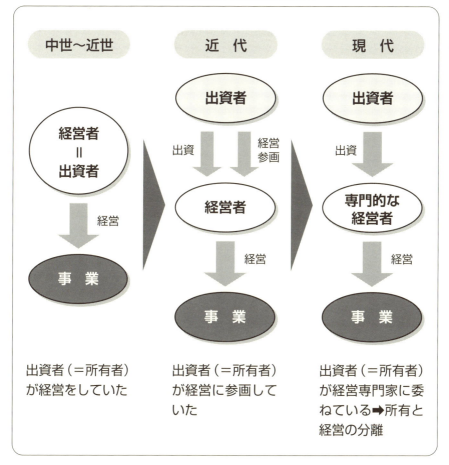

◎出資者と経営の関係の変遷◎

でき、それは取引所で売買できることから、より多くの資金を集めることができるようになりました。

一方で、不特定多数の人による経営参画は困難となったため、経営は専門的な人に委ねるようになりました。

このような状態を、「**所有（＝出資）と経営の分離**」といいます。ただし、経営者（＝取締役）の選任や決算の承認など、重要な事項の決定は株主が行ないます。

このような経緯をたどって、現代の規模の大きな株式会社では、「企業」「事業」「経営」が分離されて運営されています。

1-4 経営を担う会社の機関とは①

企業を担うものは会社の機関

　前項までは、会社には企業・事業・経営の３つの役割を担う場があると説明してきましたが、では、そのうち、企業と経営の役割は具体的に誰が担っているのでしょうか。

　まず、企業については、議決権を持つ株主が参加して開かれる**株主総会**が担っています。

　ただし、上場会社など、不特定多数の株主がいる場合などは、株主が選任した**取締役**（または取締役で構成される**取締役会**）が、法律や定款（会社の基本的な規則）で定められた範囲で会社の方針などを決定します。すなわち、取締役は株主の代理人のような役割を担っているともいえます。

　ちなみに、株主総会や取締役、取締役会などのことを「**会社の機関**」といいます。

　もっとも、取締役（または取締役会）が決定できることは限定的であり、会社の決算の承認、取締役の選任、定款の変更などの重要な事項は株主総会で決定します（会社法では、株主総会、取締役会、取締役の権限などについて細かく規定されていますが、本書では、法律面での説明は割愛し、会社運営上の役割についてのみ解説します）。

　なお、最近の上場会社では、前項で説明した「所有と経営の分離」が進み、専門性の高い経営者（取締役など）が会社の大まかな方針をあらかじめ打ち出しておき、それを株主が承認するという状態になりつつあります。これは、かつては経営への参画者でもあり資金の供給者でもあった株主が、経営への参画者としての性格が弱まり、資金の供給者としての性格が強くなったということがいえるでしょう。

経営を担うものは経営者

　次に、経営の役割とは、企業の場（＝株主総会・取締役会・取締役）

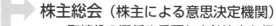

◎企業と経営の役割を担うものは？◎

企業

→ **株主総会**（株主による意思決定機関）
　取締役の選任や重要な方針決定を行なう。

→ **取締役**（または取締役会）
　株主総会などの方針に従って日常的な方針を決める。
　株主の代理人的な役割を担う。

経営

→ **経営者**（社長など）
　一般的には取締役が経営者となる（業務執行を担わない取締役を除く）。
　企業の決めた方針に従って、事業遂行のための指揮や意思決定を行なう。

で決定された方針や意思に従って、事業遂行のために指揮を執ったり意思決定を行なったりすることですが、それはいうまでもなく、**経営者**が担います。では、経営者とは誰かというと、一般的には社長をはじめとした**取締役**が該当します。

ところで、このような経営者の役割は**業務執行**といわれることがあります（会社法348条等）。会社法では、取締役は、業務執行と、前述の**意思決定**の両方の役割を担うこととされています（ただし、業務執行を担わない取締役が存在することもあります）。

その結果、取締役が意思決定を行ないつつ業務執行を行なったり、または、取締役会で意思決定を行ないつつ同じメンバーで業務執行を行なったりするということも起きます。

このことに問題があるわけではありませんが、近年は、意思決定と業務執行の機関を分ける会社が増えてきています。その詳細については次項で説明します。

1-5 経営を担う会社の機関とは②

法律に規定されていない「会社の機関」の登場

　取締役や取締役会が行なう意思決定は、法令や定款にもとづくものであり、厳格に要件など（招集方法、決議方法、議事録作成など）が定められていますが、業務執行については、このような厳格な要件はありません。

　そのため、関係する取締役だけが集まって方針を決めたり、少数のトップで方針を決めたりすることがあります（なお、会社法348条等では取締役が業務を執行するとされていますが、本書では、業務執行を、広い意味で事業遂行のための指揮や管理を担う役割を指すものとし、この役割は必ずしも取締役だけが担うものとは限らないものとします）。

　このようなことから、取締役の人数が多い会社では、取締役会とは別に、**経営会議、常勤役員会議**などの法令で定められていない任意の会議が設けられることがあります。この経営会議などのメンバーは、取締役会長、取締役社長、取締役副社長、専務取締役などの肩書をもち、取締役会の構成員としての肩書のままであることが多いようです。

　また、意思決定を行なう役割と業務執行を行なう役割を明確に区分した**執行役員**という制度もあります。このような制度を設けた会社では、代表取締役兼執行役員社長、取締役兼専務執行役員などの肩書をもつメンバーが執行役員会を構成し、業務執行に携わります。また、執行役員には取締役でない幹部社員が就くこともあります（執行役員営業本部長、執行役員製造本部長など）。

　このような執行役員制度を採用している会社では、取締役を少人数に限定して大局的な意思決定を行なう一方で、執行役員には事業に精通した人を充てています。機動的に業務を遂行できるようにすることが狙いであるといえるでしょう。

　さらに、執行役員制度よりも業務執行の専門性を強めたものとして、**オフィサー制度**を導入している会社もあります。これは米国にならった

◎新しい「会社の機関」◎

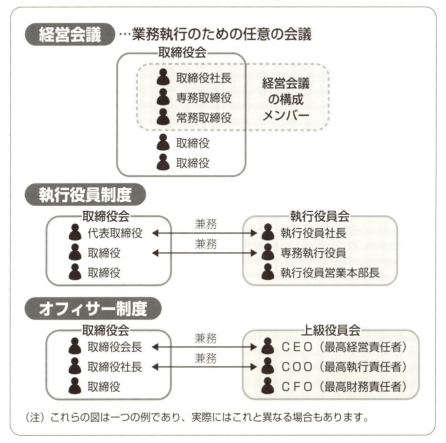

（注）これらの図は一つの例であり、実際にはこれと異なる場合もあります。

制度で、米国では法律上の役員であるDirectorが意思決定を行なう一方で、業務執行は役員ではないOfficerが担います。これにならって、日本の会社でもＣＥＯ（Chief Executive Officer：**最高経営責任者**）やＣＯＯ（Chief Operating Officer：**最高執行責任者**）などの肩書をもつ人たちが業務執行を担うことがあります。ＣＥＯは取締役会などの方針に従って業務執行上の最終的な判断を行ない、また、ＣＯＯは業務執行を統括することが主な役割とされていますが、これも法律に定められたものではないことから、明確な定義はありません。

なお、日本では、ＣＥＯは会長または社長が、ＣＯＯは社長または副社長が兼務する例が多いようです。

1-6 企業統治＝コーポレート・ガバナンスとは

企業統治とはどういうことか

　企業統治とは、コーポレート・ガバナンス（Corporate Governance）の訳語で、企業（＝株主総会や取締役会など）の決定した意思にもとづいて、長期的に会社の獲得する利益を増大させるために、**会社の収益獲得能力を高めたり、不正を防いだりするためのしくみ**を指します。

　なお、企業統治には、倫理的な価値観を含めたり、広く社会にまで対象を広げたりする場合もありますが、本書では上記のような狭い範囲での企業統治について説明します。

　企業統治について、もう少し具体的に書くと、会社の最高意思決定機関である株主総会で選ばれた取締役は、株主からの委任を受けて業務を執行するわけですが、企業統治とは、その**取締役が株主に対して忠実かつ十分な注意をもって活動するようにするしくみ**をいいます。

　この企業統治が注目されるようになった背景には、1-3項で触れたように、所有と経営の分離があげられます。

　所有と経営の分離が進むにつれて、株主の役割は資金の供給者としての比重が高まっており、会社の経営は取締役に大きく委ねられるようになってきています。その結果、我田引水的に経営者自身の報酬を過剰に多くしようとしたり、自らの責任で起きた失敗を隠すために業績の報告を偽ったりすることが起きるようになりました。

　これらのことは、株主の意思に反して株主の利益を損なうものであり、健全な事業活動の発展を損なうことにもなることから、それを防止するための企業統治が注目されるようになり、次第にそのしくみが強化されてきたのです。

　その具体的な強化とは、たとえば**大会社**（会社法2条6項で定義される、資本金5億円以上または負債の額が200億円以上の会社等）については、**内部統制システム**を義務づけたり、比較的小規模な会社向けの**会計参与の設置**などが法律で整備されたりしたほか、**社外取締役制度**や株

◎「企業統治」のしくみ◎

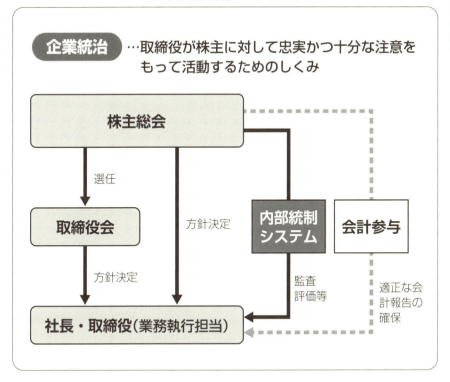

主代表訴訟制度も企業統治を高めるしくみとして法整備が行なわれてきました。

ところで、企業統治とあわせて議論されるのは、「**会社は誰のものか**」ということです。

「会社は株主の意思に従って統治されるもの」と前述しましたが、これに違和感をもつ人も多いようです。というのは、日本では、会社の方針は、社長や取締役に加え、**事業の現場で長く携わっている従業員の意思も反映されるべきである**と考える人も少なくないからです。

これは、議論の余地の残るところですが、法律上は株主が構成員である株主総会が最高意思決定機関となっています。しかし、その一方で、いわゆる「しゃんしゃん総会」という言葉があるように、株主総会が形骸化し、会社の方針決定には経営者（多くの場合、従業員からの昇格者）の意思が実質的に強く反映されている会社もまだまだ多く存在します。

1-7 内部統制はなぜ重要なのか

内部統制とはどういうことか

　前項で説明した企業統治については、**内部統制**（Internal Control）が重要な比重を占めています。

　内部統制は、「企業等の、①業務の有効性および効率性、②財務報告の信頼性、③事業活動に関わる法令等の遵守、④資産の保全の4つの目的の達成のために企業内のすべての者によって遂行されるプロセス」と定義されています（企業会計審議会「財務報告に係る内部統制の評価及び監査の基準のあり方について」第3項（1））。

　わかりやすく言い換えれば、内部統制とは、**会社の事業が適切に行なわれるよう、ルールや業務プロセスを明確にし、それを守るためのしくみや活動**を指します。

　このような考え方は、会社が発生したときから存在したと考えられますが、1980年代の米国で不適切な財務報告を行なう会社が多く現われたことを背景に、1992年に米国のトレッドウェイ委員会支援組織委員会（Committee of Sponsoring Organizations of Treadway Commission：ＣＯＳＯ）が「内部統制の統合的枠組み」を公表してから注目されるようになりました。

　その後、日本でも不適切な財務報告を行なう会社が多く現われたこともあり、2006年施行の会社法によって、大会社および関連会社に内部統制が義務づけられました。

　このような経緯からみると、内部統制は財務報告に強い関連があると考えられがちですが、「経営者は、自社のすべての活動および社内のすべての従業員等の行動を把握することは困難であり、それに代わって、経営者は、企業内に有効な内部統制のシステムを整備・運用することにより、財務報告における記載内容の適正性を担保することとなる。また、内部統制システムの整備・運用を通じて財務報告の信頼性を確保していくことは、業務の有効性および効率性の確保による情報処理コストの削

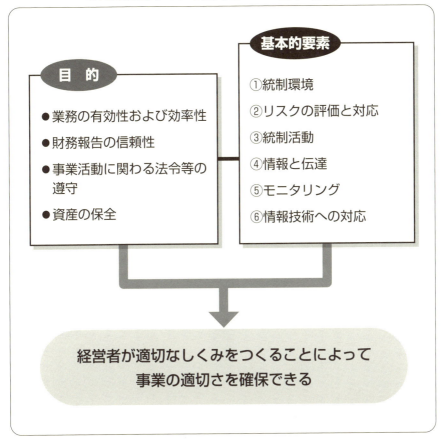

減、さらには、市場における資金調達機会の拡大や資金調達コストの削減等を通じて一定のメリットを企業等にもたらす」(同前) ことにもなります。

これを言い換えると、経営者が適切なしくみをつくることによって、事業の適切さを確保しようとする考え方であるといえるでしょう。

内部統制のポイントは、**適切なプロセスづくり**であって、それをきちんと整備することによって、**信頼性や効率性を確保すること**が目的となっています。

企業の社会的責任＝CSRとは

CSRは会社の持続可能性を高める

　前項では、会社の内部の管理について説明しましたが、ここでは、会社と社会との関わりである、**企業の社会的責任**（Corporate Social Responsibility：以下「**CSR**」と略します）についてみていきましょう。

　CSRは、近年になって注目されるようになってきた考え方です。これは、私企業であっても、規模が大きくなるにつれて社会に与える影響が大きくなり、社会との関わりを強く意識せざるを得ない状況になってきたことが背景にあります。

　すなわち、私企業といえども、社会のなかでは**企業市民**（Corporate Citizen）として活動する必要があると強く認識されるようになりました。

　その例として、近年ではいわゆる「**ブラック企業**」が社会的批判を受けるようになりました。ブラック企業とは、低賃金で長時間の労働を従業員に強いる会社などを指しますが、従業員の犠牲によって低価格の商品やサービスを実現したとしても、社会的な評価は受けられなくなりました。

　このような、地域社会、一般消費者、従業員など、会社の活動に影響を及ぼす人（組織）を、**利害関係者**（Stakeholder：**ステークホルダー**）といいます。

　現在の会社は、単に自社の利益をあげることだけを目的とするだけではなく、CSRを果たすことによって、**利害関係者との良好な関係も維持する必要がある**といえます。

　しかし、「会社には、利益を得るだけではなく、CSRを果たす義務もある」と考えることは適切ではないと私は考えています。

　かつては、「会社は私的な存在であるのだから、自社の利益獲得に集中して活動すべきである」という考え方もあったようです。しかし、現在のように成熟した社会では、CSRを果たすことができなければ、利益を得ることはできない、すなわち、**CSRは利益を得る活動の一環で**

◎CSRのしくみ◎

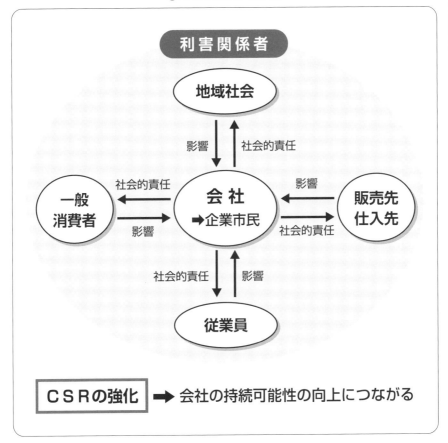

あると私は考えています。それは前述したように、会社に企業市民としての側面が強くなったことが主な要因です。

このように、会社が短期的な利益に左右されず、利害関係者と良好な関係を築くことによって、長期的に活動できるようになります。このことを、会社の**持続可能性**（Sustainability）といいます。現在は、CSRを果たすことによって、この持続可能性を高めることが、事業を発展させるための重要なポイントになっています。

ちなみに、CSRが注目されるようになったのは近年ですが、CSRの考え方は古くからありました。たとえば、近江商人の「売り手よし、買い手よし、世間よし」という三方よしの家訓はそのひとつです。

1-9 投資家との関係を強化するIRとは

なぜ投資家との関係が重要なのか

　利害関係者のうちのひとつである投資家と企業との関係について考えてみましょう。

　1－3項で触れたように、現在の株式会社では不特定多数の人から出資を募るようになりました（公開会社（会社法2条5項）でない会社（いわゆる譲渡制限会社）のように、特定の人だけから出資を受ける会社も存在しますが、ここでは、証券取引所などに株式を上場している会社を前提に説明します）。

　さらに、現在では証券取引所などの整備も進み、多くの投資家が株式投資に参加するようになった結果、出資を募る会社から見て、**投資家は重要なステークホルダーとして認識**されるようになりました。

　株式会社が株式を発行して出資を受ける利点は、出資を受けた資金を自己資本として長期的に自らの判断で自由に使うことができることです（これに対して、銀行や保険会社からの融資などは、返済の期限があったり、多くの場合は使い途が定められていたりします）。

　したがって、出資を受けることによる安定的な資金調達のためには、**投資家との良好な関係の構築**が重要になります。

IRは企業価値を高めるための活動

　そこで、近年になって、投資家との関係を強化するための活動が行なわれるようになりました。これは、**インベスター・リレーションズ**（Investor Relations：以下「IR」と記します）、または、**投資家向け広報**と呼ばれています。

　IRの具体的なものとしては、自社の詳細な財務情報などを公表（Disclosure：**情報開示**）し、投資に対する収益性などの観点から投資家にとって自社が魅力的な投資先であることをアピールすることが基本です。ただし、上場会社は金融商品取引法などの定めによって基本的な

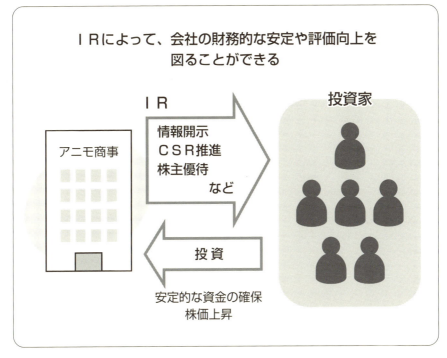

　財務情報の公表（有価証券報告書の提出など）が義務づけられていることから、会社側が積極的にアピールする部分は、自社のこれからの事業構想、経営戦略、自社の特徴など、**非財務的な情報が中心**となります。

　最近では、ＣＳＲに積極的に取り組むことによって、自社の持続可能性が高いことをアピールしたり（このような会社に対して投資することを「**社会的責任投資**」といいます）、株主に対して自社製品を贈るなどといった株主優待を行なったりする会社も増えています。

　また、上場会社がＩＲに熱心になっている背景には、資金の提供を受けやすくするということ以外に、**株価の高さが会社の評価のひとつとして認識されるようになった**という面もあります。

　株価に発行済株式数を乗じて求める株式時価総額は、上場企業の**企業価値**（Enterprise Value）の大きな部分を占めており、**安定的な株主を増やして株価を維持させる**ことも、ＩＲの大きな目的のひとつとなっています。

フィランソロピーとメセナとは

会社の利益を地域にも還元する

　ＣＳＲのうち、より社会的な活動のひとつに**フィランソロピー**（Philanthropy）があります。

　フィランソロピーは、もともとは"philos"（愛する）と"Anthropos"（人類）を合成したギリシア語のフィラントロピアを語源とする「人間愛」を意味する言葉であり、現代では、社会のために個人や会社が寄付を行なったり、ボランティアとして労力を提供したりする「社会貢献」の意味で用いられています（出典：内閣府公表「平成12年度国民生活白書」）。

　このフィランソロピーに注力する会社が増えて来た背景には、会社の事業が発展したのは、その会社が所属する**地域社会も安定して発展してきたおかげである**という考えのもと、自社が得た利益の一部をその地域社会にも還元し、さらにその地域社会の安定的な発展を持続させようという意図によるものと考えられます。

　さらに、地域の住民の会社に対する評価には、フィランソロピーのようなＣＳＲに関する活動の比重が高まっており、長期的に安定した自社製品の売上を得たいという会社側の意図も、このような活動を促していると考えることができます。

会社が芸術文化を支援する

　フィランソロピーの分野のひとつに、**メセナ**（Mecenat）があります。

　これは、公益社団法人企業メセナ協議会によれば、古代ローマ時代に、詩人や芸術家を手厚く庇護した高官マエケナス（Maecenas）の名に由来するフランス語で、芸術文化支援を意味する言葉です。日本では、平成２年に企業メセナ協議会が発足した際、「即効的な販売促進・広告宣伝効果を求めるのではなく、社会貢献の一環として行なう芸術文化支援」という意味で「メセナ」が使われ、広く知られるようになりました

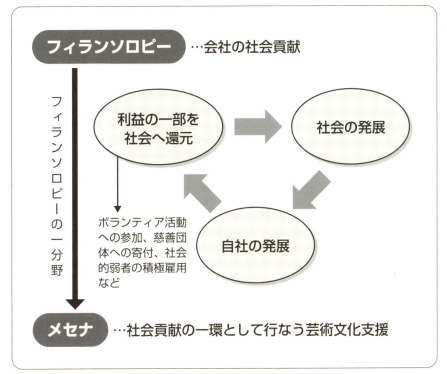

　たとえば、セゾングループによるセゾン美術館の運営や、サントリーによるサントリーホールの運営など、比較的規模の大きい会社によるメセナが著名ですが、島根県大田市にある中村ブレイス（売上高約10億円、従業員数約70名）のように、地方都市の比較的規模の小さな会社でも、世界遺産となった石見銀山に関する研究や文化活動に尽力している個人や団体を表彰するなど、積極的にメセナを行なう例も見られます。
　このような、フィランソロピーやメセナが活発化しているのは、利害関係者としての地域社会やその住民からの会社に対する評価の重要性が増加している現われといえます。
　これは、現在の会社という組織が、単なる私企業にとどまらず、**公器としての側面が強くなっている**ということでもあるでしょう。

知っと コラム　公私企業接近の原理

　1－8項でＣＳＲについて説明しましたが、このＣＳＲについては、まだ見解が必ずしも一致しているとは限りません。

　私は、ＣＳＲについては積極的に肯定していますが、その一方で、「会社の事業の目的は、株主のためになるべく多くの利益を獲得することであるから、利益に直接結びつかない活動は行なうべきではない」という考え方もあります。

　これは、「各個人が自己の利益を追求すれば、結果として社会全体において適切な資源配分が達成される」という、18世紀の経済学者、アダム・スミスが『国富論』（原題は『諸国民の富の性質と原因の研究』）のなかで述べた、「見えざる手」（An Invisible Hand）の考え方が背景にあると思われます。

　この議論については、ただちに結論は出ないと思いますので、今後の研究に委ねたいと思います。

　ところで、かつては、政府や自治体が担っていた事業が、徐々に民営化され、その効果が表われている例も多く見られます。

　たとえば、かつての三公社（日本専売公社・日本電信電話公社・日本国有鉄道）は、現在ではすべて民営化され、効率的な事業運営が行なわれています。

　これは、民間では担うことが困難であった公共性の高い事業が、現在では、ＣＳＲの考え方が浸透し、１章を通して説明してきた、いわゆる私企業の論理にもとづいても、担うことができるようになったことから実現できるようになったといえます。

　そして、このような、私企業と公企業の差がなくなっていく法則を、**公私企業接近の原理**といいます。

2章

会社の「組織」のしくみと実践的な考え方

組織論が理解できれば、困難な課題の解決につながります。

2-1 全人仮説、経済人仮説による組織の考え方

組織のなかでどんな要因によって行動するのか

　経営者の役割のなかで、**会社の組織を束ねる役割**は、大きな割合を占めています。そこで、組織に関する知識について説明していきましょう。

　組織（Organization）と聞くと、「会社組織」や、会社内の「組織図」を思い浮かべる人が多いでしょう。そのこと自体に問題はないのですが、実際の会社で従業員を現実に率いる経営者としては、実践的かつ実態に即した考え方で組織をとらえることのほうが賢明です。

　そこで、5年ほど前に大手印刷会社から独立し、自ら印刷業を営む会社を起ち上げた若い社長を例に、組織のとらえ方についてみてみましょう。

　彼は、会社ではリーダーとして部下を率い、凛々しい顔でてきぱきと指示を出しています。そんななか、たまたま家に置き忘れた手帳を届けるために、社長の妻がまだ幼い子どもを連れて会社へやって来ました。すると、社長は急に父親としての顔になり、社内で見せる顔とは別人のようなにこやかな顔で妻に「ありがとう」とお礼を言いました。

　ここで、この社長の状況について考えてみましょう。

　彼が5年前に会社を起ち上げたときに、従業員を雇い入れたのは、物理的にひとりではできない仕事をしようとした（**物的要因**）からです。そして、彼が会社で凛々しい顔で仕事をしているのは、会社の社長としての立場（**社会的要因**）で働いているからです。でも、同じ職場にいながら家族を目の前にすると、幼い子どもの父親（**生物的要因**）として振る舞います。子どもを立派に育てたいという思いが、事業に懸命に取り組もうとする励みにもなっています。

　ここで、なぜ、この社長は自ら起ち上げた会社に属し、このような働き方をしているのかということについて考えてみると、前述のような物的要因、生物的要因、社会的要因の影響を受けながら、自らの意思で選択して行動しているととらえることができます。

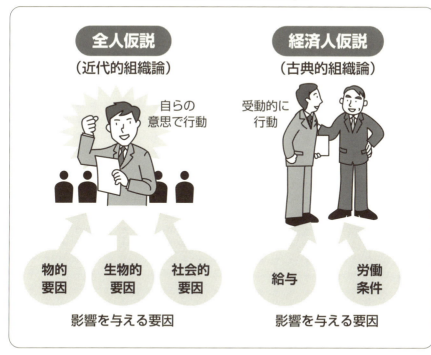

　このような人のとらえ方を、**全人仮説**（Whole Man hypothesis）といい、近代的な組織論の研究者である**バーナード**が明らかにしたものです。
　これに対して、全人仮説が唱えられる以前には、**経済人仮説**（Homo Economicus）というとらえ方で組織が研究されていました。すなわち、人は給与や労働条件で刺激を受けて会社で働くという受動的な行動をとるというとらえ方です。
　組織に属する人は、この経済人仮説が当てはまるような行動をすることもあり、必ずしも経済人仮説が誤っているわけではありません。また、組織に属する人のすべての行動を、全人仮説で説明できるものでもありません。それだけ、人は複雑でとらえにくいものでもあります。
　とはいえ、この全人仮説による組織の研究は、現代の経営者に組織を運営するうえで多くのヒントを与えていることも事実です。そこで、次項からは、バーナードの考え方に従って組織について説明していきます。

2-2 協働システムと組織のつながり

バーナードが考える組織とは

　会社の組織というと、一般的には、事業の目的を達成しようとする人たちである、社長などの経営者や、雇用されている従業員の集まりを指すでしょう。すなわち、**会社に属している人は誰か**ということを示すものです。

　これに対し、バーナードは、会社を**事業に携わる人々が集まっている場**としてとらえ、**協働システム**（Cooperative System）という概念を生み出しました。すなわち、ひとりでは実現できない目的を達成するために、全人仮説にもとづく意思によって複数の人々が集まっている場が協働システム（＝会社）であるとしています。

　そして、協働システムは、建物や機械などの**物的システム**、販売先や仕入先などとの取引である**社会的システム**、経営者や従業員などの**人的システム**、そしてバーナードの定義する"組織"といったサブシステムから構成されていると分析しています。

　このバーナードが定義する組織は「**２人以上の人々の、意識的に調整された諸活動または諸力のシステム**」というものです。一般的に使われている組織（Organization）は、前述のような共通の目的をもった人々の集まりを指しますが、バーナードが唱える組織は、"諸活動や諸力のシステム"という"しくみ"を指しています。

　バーナードは、組織を人々の集まりという静的なものではなく、有機的な諸活動や諸力のシステムであると動的にとらえていること、そして組織のなかには人々は含まれていないということで、画期的な考え方として評価されています（ただし、組織に人々は含まれないということや、諸活動、諸力といった抽象的な概念が、理解を難しくしているともいわれています）。

　この"組織"というシステムと物的システムがつながれば、建物は単なる柱と壁の組み合わせではなく製品を生産する場になり、社会的シス

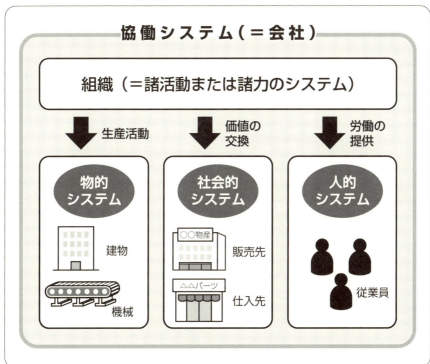

テムとつながれば、製品が金銭との交換によって価値を実現する場になり、人的システムとつながれば、従業員から貢献（≒労働）の提供を受けることができます。

　ここで、協働システムと組織についての理解を容易にするために、正確さを犠牲にして両者を言い換えると、経営資源である「ひと・もの・かね」が"組織"というしくみで有機的につながり、利益を得るという共通の目的を達成するための活動の場である会社が協働システムである、ということになるでしょう。

　前述したように、協働システムと組織は、バーナードによって生み出された抽象的な概念であるため、初学者の方たちにとっては、ただちに理解することは難しいものですが、次項から説明する、組織に関する要素や性質について読み進めていくことによって、徐々に理解も深まっていくでしょう。

2-3 組織の3要素とは何か

共通目的と貢献意欲を結びつけるのがコミュニケーション

　バーナードの定義する組織についてもう少し詳しくみると同時に、経営者として組織を管理するポイントについて考えてみましょう。

　バーナードは、「お互いに意思を伝達できる人々がいて、その人々は活動することによって貢献しようとする意思をもち、共通の目的を成し遂げようとするときに、組織は成立する。したがって、組織の要素は、**コミュニケーション**（Communication）、**貢献意欲**（Willingness to Serve）、**共通目的**（Common Purpose）である」と述べています。

　組織は、ひとりでは達成できないことを複数の人が集まって成し遂げるときに必要とされるものですから、まず、その集まった人々にとっての共通の目的があるということになります。

　そして、その共通の目的を成し遂げるために人々が集まるわけですから、その人たちが自分を犠牲にして目的達成のために貢献しようとする意思があるということになります。

　そのうえで、共通目的と貢献意欲の間に入り、両者を結びつけるものがコミュニケーションである、とバーナードは述べているわけです。

　すなわち、共通目的が何かということが、コミュニケーションによって人々に伝わらなければ、貢献意欲は得られないということであり、これは、直感的に理解していただけるでしょう。

組織の3要素が損なわれないためには…

　これを、2－1項の印刷会社の例にあてはめてみると、会社の目標はどのようなことかを明確にし、それを役員・従業員に明確に伝え、役員・従業員のやる気を高めるということが大切になるということです。

　ですから、会社のなかで「これは社長の命令だから、有無を言わずに従え」という一方的な指示が行なわれたり、「社長が言っていることは、毎日コロコロ変わる」という印象を従業員にもたれたりしているとすれ

◎組織の３要素の内容とつながり◎

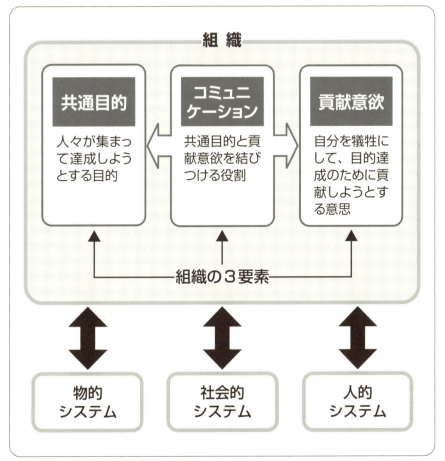

ば、それは、共通目的が不明確であったり、コミュニケーションに問題があったりすることが原因と考えられ、その結果、従業員からの貢献しようという意欲は得られないことになります。

したがって、組織を上手に運営するには、「部下は上司の命令に従わなければならない」といった無機的な原則だけでなく、人間を有機的な存在ととらえて、組織の３つの要素が損なわれることのないようにすることが大切です。

2-4 組織を調整し均衡させるためにはどうするか

経営者は組織の均衡を図らなければならない

　バーナードは、組織が存続するためには、組織の3要素が維持できるよう組織とその外部の状況との関係を調整し、均衡させなければならないとして、この組織の維持に関し、**有効性**（Effectiveness）と**能率**（Efficiency）という考え方で説明しています。

　まず、「有効性」とは、**組織の目的を達成する能力や度合い**を指します（バーナードのいう有効性は、「効果のある性質」などといった、一般的に使われている有効性の意味とは異なるものとして理解してください）。

　組織は、共通目的があることで成立しているわけですから、目的が達成できない状態のときや、目的が達成してしまったときは、組織が存続する意味もなくなります。そして、それは有効性がない状態ということにもなります。

　ですから、会社の目的が達成できない状態のときは、経営者は**目的を達成するための条件**を整えなければなりません。たとえば、強力なライバルが現われて、自社の売上の多くを奪われそうなときは、経営者は、販売する商品を変えたり、販売する場所を変えたりして、売上を維持するという対応が求められます。

　また、目的が達成してしまったときは、新たな目標をつくり、組織を維持するということも必要です。たとえば、ある会社で新製品を開発するプロジェクトチームが、新製品開発を終えて目標を達成したときは、そのチームにその新製品の販売を担当させたり、あるいは、また別の新製品の開発を担当させたりすることが必要になるでしょう。

　つぎに、「能率」とは、**組織の維持に必要な貢献を得るための誘因を提供する能力**のことです（「一定時間にできる仕事の割合」といった、一般的に使われている能率の意味とは異なるものとして理解してください）。会社でいえば、従業員への給与などの金銭的な誘因だけでなく、

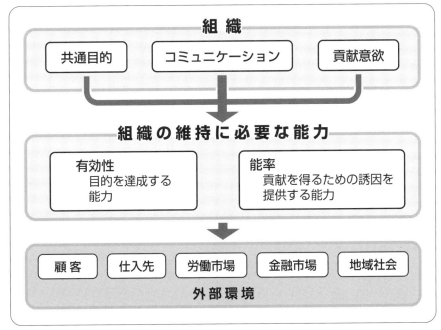

◎組織を維持するしくみ◎

地位、やりがいといった、非金銭的な誘因も含まれます。

 たとえば、給与が少ない会社（＝能率の低い会社）は、金銭的な誘因が低いために、従業員の士気が下がったり、退職されたりする可能性が高く、会社の事業に悪い影響を与えることにつながります。そこで、経営者は、給与を高くしたりやりがいを与えたりして、従業員の士気を上げたり、長期間勤めてもらえるようにしたりする必要があります。

 しかし、従業員の給与を高くするだけでよいのかというと、そう単純な話ではありません。給与を高くしすぎて会社が赤字になれば、投資家が出資してくれなくなったり、銀行が融資をしてくれなくなったりします。また、赤字にならないように製品の販売価格を引き上げれば、売上高が減少してしまうかもしれません。

 そこで、給与を上げる代わりに非金銭的な誘因を増やしたり、より利益の得られる事業に進出したりするといった工夫が求められます。そして、このような、有効性、能率、誘因と貢献のバランスをどのようにとるか、すなわち組織の均衡を図ることは、経営者の重要な役割です。

2-5 公式組織と非公式組織の関係とは

非公式組織は公式組織に影響を与える

　バーナードは、**非公式組織**（Informal Organization）が組織に大きな影響を与えていると説明しています（この非公式組織に対して、2－2項で説明した組織は**公式組織**（Formal Organization）といいます）。

　非公式組織とは、**個人的な感情などによるつながり**のことです。たとえば職場では、お昼休みに気の合う人どうしが集まって食事をするときのグループや、仲のよい人どうしが休暇に一緒に出かけたりするときの集まりが、この非公式組織の例です。

　非公式組織には、公式組織のように共通目的はなく、また、非公式組織に属しているからといって、公式組織のように組織に属している人として行動するということもありません。あくまで、個人の人格のままで行動します。

　それでは、非公式組織が公式組織にどのような影響を与えるのかということについて、2－1項の印刷会社の例でみてみましょう。

　この会社では、社長がゴルフ好きで、お昼休みなどは社長とゴルフが好きな従業員との間でゴルフの話で盛り上がります。そもそも、社長が会社を起ち上げるときに、最初に雇い入れた従業員は、社長のゴルフ仲間から紹介してもらった人でした。

　また、社内のゴルフ愛好者は、休日に一緒にプレーすることがあり、ふだんはなかなか見られないお互いの性格や人柄などの理解も深まっていることから、職場でも円滑な関係を保つことができています。職場ではきびしい社長も、ゴルフをするときは従業員を慮ってプレーしていることから、それが仕事でのモラールを高めている要因になっています。

　この例からわかることは、**非公式組織は公式組織のコミュニケーションの確保やモラールの向上に大いに貢献している**ということです。しかし、非公式組織が公式組織に悪い影響を与えることもあります。

　たとえば、ある従業員が仕事で失敗をしたとします。本来なら、それ

◎公式組織と非公式組織のつながり◎

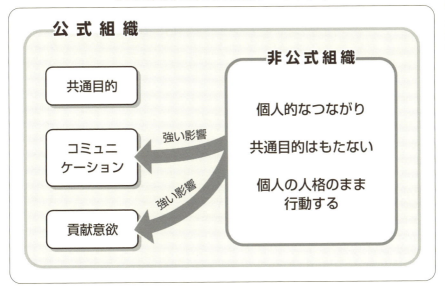

は社長に報告し善後策を講じてもらうところを、日頃、職場外でも仲のよい従業員どうしでそれをかばい合い、社長に報告せず、隠してしまうということも起きかねません。

　ですから、経営者としては、非公式組織を上手に活用する一方で、従業員の間で行き過ぎた癒着が起きることのないように注意しなければなりません。

　また、非公式組織は公式組織があることによって発生するものです。上記の例では、印刷会社という公式組織があるから、その社長と従業員のなかに、ゴルフ好きの人たちの集まりである非公式組織が発生しました。

　逆に、非公式組織が公式組織を発生させることもあります。たとえば、この印刷会社のゴルフ好きの人たちの集まりが、町の会社対抗ゴルフコンペに出場することになったというときは、その出場チームはコンペで優勝するという共通目的をもった公式組織となります。

　また、社長がゴルフの縁から従業員を雇い入れることになったというのも、非公式的なつながりから、公式的なつながりになったという例といえるでしょう。

2-6 組織における「権威」とは

受容できる権威・受容できない権威

　組織の3要素のうちのひとつである「コミュニケーション」について、命令や指示という側面から考えてみましょう。

　バーナードは、組織のなかで出される命令に関して、**権威**（Authority）という考え方で説明しています。すなわち、「**権威とは公式組織におけるコミュニケーションの性格**」であると述べています。

　これを、やはり印刷会社の例でみると、社長が従業員に対して「この仕事を、明後日までに終わらせてください」と命令を出したときに、従業員がそれに従うのは当然のことといえるでしょう。これは、会社という公式組織のなかでのコミュニケーション（命令）だからです。

　しかし、社長が外出し、たまたま道端で社長の友人に出会ったときに、その友人に対して「この仕事を、明後日までに終わらせてください」と命令をしても、その友人は命令には従わないでしょう。**社長の権威は、公式組織のなかでのみ発揮される**からです。

　その一方で、社長が会社のなかで出した命令は、どんなことでも従業員は受け入れるでしょうか？　たとえば、印刷会社の社長が「私のゴルフクラブを磨きなさい」と従業員に命令しても、従業員は受け入るとは限らないでしょう。

　これについて、バーナードは、「組織の構成員は、組織に関する自分の行動を決めるものとして、権威を受容する」と述べています。すなわち、命令を受ける側が、**権威を受容しなければ、命令には従わない**ということです。

　そして、バーナードは、個人が権威を受容するときの条件として、次の4つをあげています。
①命令が理解できるものであり、かつ、理解されるものである
②命令が組織の目的と矛盾しないと信じられるものである
③命令がその個人の利害と両立すると信じられるものである

◎「権威」の考え方◎

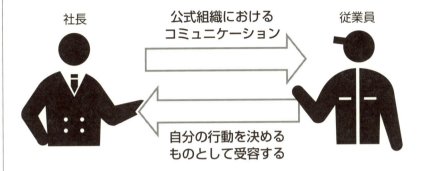

④命令がその個人にとって精神的にも肉体的にも従うことができるものである

　これらの条件からみて、前述の「私のゴルフクラブを磨きなさい」という社長の命令は、会社の目的と矛盾すると考えられることから、その命令を受けた従業員は、それに従わない可能性が高いといえるでしょう。

2-7 「無関心圏」と命令に従う関係

無関心圏にある命令には疑義を感じない

　前項では、権威はどういうときに個人に受け入れられるかについて説明しましたが、その一方で、組織に属する個人が、権威に対して疑義を感じることなく命令を受け入れることも、しばしば起きています。

　たとえば、「この仕事を、明後日までに終わらせてください」という社長の命令は、会社の従業員であれば、何の疑問ももたずにただちに従うことでしょう。バーナードは、このような、権威について疑義を感じない命令は、その個人の**無関心圏**（Zone of Indifference）にあるものであると述べています。

　では、無関心圏にない命令を個人は受け入れないのかというと、必ずしもそうとは限りません。たとえば、先ほどの仕事について、「この仕事は本来なら3日必要な仕事だが、発注先から急いで納品してほしいという特別の依頼があったので、明日までにこれを終わらせてほしい」という命令を社長が従業員に行なったとします。

　このとき、その従業員が、少し残業をすれば、明日までにこの仕事を終わらせることができると考えれば、その命令を受け入れるでしょう。そして、無事に翌日までに終わらせることができ、社長がその労をねぎらうといった誘因を与えたとしたら、次にまた同じような依頼をされたときには、躊躇せずにその命令を受け入れるようになるかもしれません。

　このように、従業員の**無関心圏は広げることができる**と考えられています。もちろん、経営者は、相手が受け入れられないような命令を行なってはなりませんが、誘因を与えたり、リーダーシップを発揮したりすることで、従業員の無関心圏を徐々に広げていけば、より多くの仕事を円滑に命令できるようになります。このような働きかけも、経営者としては仕事を円滑に行なえるようにするための、大切な役割といえるでしょう。

　2章では、ここまでバーナードの理論を説明してきました。これらは

バーナードの主著『経営者の役割』で述べられている理論の土台となる部分にすぎません。さらに、経営者の役割について理解を深めたいという人は、専門書などを参考にしてください。

2-8 テイラーの科学的管理法とは

場当たり的な管理だとサボタージュが発生する

　バーナード以外の研究者の組織に関する理論についても紹介しておきましょう。まずは、**テイラー**からです。

　テイラーは、19世紀後半から20世紀初頭に活躍した米国の経営学者で、**科学的管理法**（Scientific Management）を提唱しました。これは、それまでの勘と経験による場当たり的な管理（**成行管理**：Drifting Management）が引き起こしていた問題を解決しようとするものです。その問題のひとつは、**組織的怠業**（サボタージュ：Sabotage）です。

　当時は、作業の成果に応じて賃金が増える単純出来高払いが採用されていたものの、生産性が向上して賃金が増加すると、管理者側は賃率（生産または作業単位あたりの賃金）が高すぎると判断し、賃率を引き下げる傾向にありました。その結果、労働者側は、賃率を下げられないようにしようと意図するようになり、集団的にあまり働かないようになる、すなわち組織的怠業が起きるようになりました。

　そこで、テイラーは**差別的出来高給制度**（Different Piece Rate System）を提案しました。これは、まず、1日に達成すべき標準的作業量である課業（**タスク**：Task）を科学的に分析して設定し、課業を達成した人には高い賃率を、課業を達成しなかった人には低い賃料を適用するという制度です。

　この科学的管理法により、テイラーは管理者側と労働者側の不信感を解消し、両者の協調による生産性の向上をめざそうとしました。

　テイラーは、この差別的出来高給制度以外にも、**職能別職長制度**（Functional Foremanship）を提唱したことでも知られています。これも、科学的管理法の考え方から生み出された制度です。

　具体的には、まず、工場内の作業員の指揮・監督を一手に仕切っていた職長の機能を計画と執行に分けました。そして、主に生産計画の立案を行なう計画部に労務係、時間・原価係、工程係、指図票係の4つの職

◎科学的管理法と職能別職長制度のしくみ◎

●成行管理から科学的管理法へ

	成行管理	科学的管理法
仕事の管理	管理者の勘	標準化
賃金制度	単純出来高払い	差別的出来高給制度
労使関係	不信	協調
管理法の影響	組織的怠業	生産性向上

職能別職長制度

工場長（執行）

準備　速度　検査　修繕

指示　指示　指示　指示

計画部
　労務係　　　指示
　時間・原価係　指示
　工程係　　　指示
　指図票係　　指示

A班　　B班　　C班

工場

長を置き、また、工場長の下で監督・指導を行なう職長として、準備、速度、検査、修繕の4種の職長を置くものです。これは、現在の**ファンクショナル組織（職能組織）**のルーツといわれています。

2-9 ファヨールの管理過程論とは

経営では管理活動の重要度が増す

　前項で説明したテイラーの科学的管理法は、生産活動の改善を図るものであるものの、会社全体の改善については含まれていません。これに対し、同時代に活躍したフランス人の**ファヨール**は、全社的な活動について**管理過程論**を示しました。

　ファヨールは、まず、会社の活動を次の6つに分けました。
①**技術活動**（生産、製造、加工）
②**商業活動**（購買、販売、交換）
③**財務活動**（資本の調達と運用）
④**保全活動**（財産と従業員の保護）
⑤**会計活動**（棚卸、貸借対照表、原価計算）
⑥**管理活動**（予測、組織化、命令、調整、統制）

　このうち、⑥の管理活動は、他の5つの活動を調和させる活動であり、性格が異なるものと指摘しています。そして、職位が高くなるほど、また、会社の規模が大きくなるほど、管理活動の重要性が増すということも指摘しています。

　さらに、管理活動の内容として、次の5つのプロセスをあげています。
①**予測**……将来を検討し、活動計画を立てること
②**組織化**…物的組織および社会的組織を構築すること
③**命令**……従業員を機能させること
④**調整**……活動と努力を結びつけて一元化し、調和させること
⑤**統制**……活動が設定された基準や与えられた命令に従って行なわれるようにすること

　この5つのプロセスが会社のなかで繰り返されているということになりますが、現在、多くの会社で取り入れられている**PDSサイクル**（Plan（計画）→Do（実行）→See（統制））は、この管理活動を単純化したものといえるでしょう。

◎会社の6つの活動と管理活動の5つのプロセス◎

● 会社の6つの活動

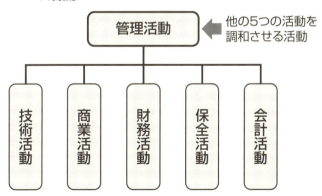

● 管理活動は、上職者や大きな会社には重要になる

● 管理活動の5つのプロセス

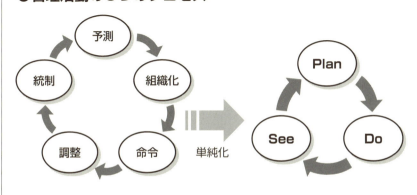

2-10 ホーソン実験とは

経済的成果より社会的成果、合理的理由より感情的理由

　テイラーの科学的管理法を補う理論は、その後の米国でも研究されてきました。そのなかで著名なものは、**メイヨーやレスリスバーガー**らによって、1927～1932年にかけて行なわれた**ホーソン実験**（Hawthorne Experiments）です。

　このホーソン実験は、ウェスタン・エレクトリック社のホーソン工場で行なわれたもので、次のようなことがわかりました。

①賃金、休憩、室内温度などの条件を変えて作業量の推移を計測したが、労働条件や作業環境を改善すれば、生産性は改善されたものの、それらの条件を改善前に戻しても生産性は変わらなかった

　→経済的な条件や物理的な条件で生産性が改善するとは限らない

②データ収集を目的に、研究者が監督者とともに作業員に対して面接を行ない、その際、質問項目を決めずに自由な会話をしてもらう方法で面接を行なったところ、その後、生産性が向上した

　→監督者が部下の生活の状況などを把握するなどして理解が深まり、リーダーとしての資質が高まった

③差込式電話交換台の配線を行なう作業員14人の人間関係について観察したところ、この作業員の間には2つの非公式組織が存在し、非公式組織のなかでうまく立ち振る舞おうという動きがみられた

　→非公式組織は作業員の行動に重要な影響を与えている

　これらの実験から、人間は、経済的な成果よりも社会的な成果を求めたり、合理的な理由よりも感情的な理由に影響されやすかったりするものである、とメイヨーは考えました。

　すなわち、テイラーの科学的管理法では、人間は経済的な要因で行動するという**経済人**（Economic Man）であることを前提としていましたが、メイヨーは職場での人間関係を重視して感情的に行動する**社会人**（Social Man）であるととらえました。そして、このホーソン実験の後、

◎ホーソン実験のポイント◎

労働条件を改善すれば生産性も向上したが、条件を戻しても生産性は変わらなかった		生産性の改善の要因は経済的条件、物理的条件ではない
面接において自由に会話をしてもらった後、生産性が向上した		監督者と部下の相互理解が深まり、監督者のリーダーとしての資質が高まった
配線の作業員を観察したところ、非公式組織のなかで、うまく立ち振る舞おうという動きが見られた		作業員の行動に非公式組織が重要な影響を与えている

科学的管理法	⇔	人間関係論
人は経済的要因で行動する「経済人」		人間は感情的に行動する「社会人」

人間の感情や人間関係に焦点をあてた**人間関係論**(Human Relations Theory)が盛んに行なわれるようになったのです。

2-11 マズローとマグレガーとハーズバーグ

マズローの欲求段階説とは

「人」をどのようにとらえるかということについては、バーナードの「全人仮説」やメイヨーの「社会人」以外にも、いくつかの著名な研究結果があるので、紹介しておきましょう。

米国の心理学者の**マズロー**は、**欲求段階説**を発表しました。これは、人間の欲求を5つの段階に分け、人間は、より高い欲求に向かって成長しようとしているという考え方です。5つの段階とは次のとおりです。

①**生理的欲求**（Physiological Needs）…食欲、睡眠など、生きるための本能的な欲求。

②**安全の欲求**（Safety Needs）…危険なこと、脅威、不安から逃れ、安定しようとする欲求。

③**社会的欲求**（Social Needs, Love and Belonging）…集団へ属したり、愛情を求めたりする欲求。「愛情と所属の欲求」ともいわれる。

④**自我の欲求**（Egoistic Needs）…他人から尊敬されたり、注目されたりしたいという欲求。

⑤**自己実現の欲求**（Needs for Self-actualization）…自分の目標に向かって自分を高めたいという欲求。

この仮説は、従業員の満足を得るためにはどのような働きかけをすればよいかということだけでなく、顧客にどのような製品やサービスを提供すればよいかということを検討する際にも参考にされるようになっています。

マグレガーのX理論・Y理論とは

同じく米国の心理学者である**マグレガー**は、**X理論・Y理論**を提唱しました。

マグレガーは、伝統的な人間管理は、「人は仕事が嫌いで、できれば働きたくないと考えている」という古い人間観（X理論）を前提に管理

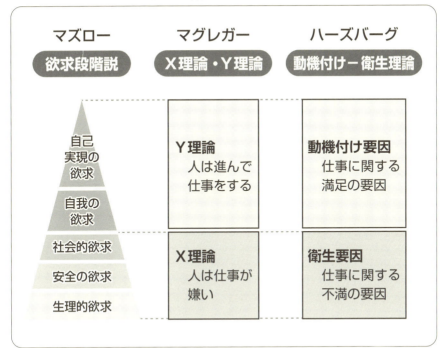

してきたが、「人は本来は仕事が好きで、進んで働きたいと考えている」という新しい人間観（Y理論）に立って、人を管理すべきであると主張しました。これは、メイヨーの人間関係（非公式組織）を重視する管理方法から、さらに高い目標を与えて満足を得られるようにすべきという考え方によるものです。

ハーズバーグの動機付け－衛生理論とは

米国の心理学者である**ハーズバーグ**は、**動機付け－衛生理論**（Motivation-hygiene Theory）を提唱しました。

これは、仕事に関する満足の要因（動機付け要因）と、仕事に関する不満の要因（衛生要因）は異なるというものです。具体的には、人間関係をよくしたり給与を高くしたりするという働きかけは、従業員の不満をなくすことにとどまり、仕事の達成感を味わったり、その結果、昇進したりしなければ、仕事に満足を感じないという考え方です。

コンティンジェンシー理論とは

バーンズとストーカーによる研究

　前項までの組織に関する研究は、組織そのものや構成員である個人に焦点を当てているものですが、その後、組織とその置かれている環境の関係についても研究が行なわれるようになりました。

　この研究は、環境に応じた組織に関する研究であることから、その研究にもとづく理論は、**条件適合理論**または**コンティンジェンシー理論**（Contingency Theory）といわれています。

　コンティンジェンシー理論の代表的な研究のひとつは、英国の社会学者である**バーンズ**と心理学者の**ストーカー**による、組織の管理システムに関する研究です。これは、スコットランドにある伝統的な会社20社について、環境の変化にどう対応したかというものです。

　具体的には、組織はその管理システムによって、**機械的組織**（Mechanistic Organization：**官僚的組織**）と**有機的組織**（Organic Organization：**非官僚的組織**）に分類されるというものです。

　機械的組織とは、職務権限が明確で、役割が専門化・細分化されており、上意下達型の指示や命令で統制されている組織です。

　一方、有機的組織とは、職務権限が弾力的であり、水平的なコミュニケーションも確保され、臨機応変な対応ができる組織です。

　これはいうまでもなく、有機的組織のほうが、市場の変化や技術革新に対応できるということがわかります。一方で、安定している環境においては、機械的組織が適しています。したがって、いずれかの類型に属する組織が優れていて、そうでない類型に属する組織が劣っているというものではないということに注意が必要です。

ウッドワードによる研究

　次に、英国の経営学者の**ウッドワード**は、生産技術と組織の管理方法の関係について研究しました。

◎機械的組織と有機的組織の比較◎

	機械的組織	有機的組織
職務権限	明確	弾力的
役割分担	専門的	臨機応変
コミュニケーション	垂直的	水平的
情報の所在	上層部に集中	組織内に分散
組織の性格	官僚的	非官僚的
向いている環境	安定的な環境	不安定な環境

　彼女によれば、単純な技術を利用する単品生産（注文服の製造など）では有機的組織が適しており、中間的な技術を利用する大量生産（自動車の製造など）では機械的組織が適しており、さらに、複雑な技術を利用する装置生産（化学プラント、発電所など）では有機的組織が適していると分析しています。

　これは、大量生産を行なう会社のなかでは、役割を細分化し、命令系統を明確にしている会社の業績がよく、一方で、単品生産と装置生産を行なう会社のなかでは、役割分担はあまり明確にせず、権限を委譲して臨機応変に対応している会社の業績がよいという結果によるものです。

ローレンスとローシュによる研究

　さらに、米国の社会学者のローレンスと組織研究家のローシュは、環境の不確実性と会社の部門の分化や統合の程度の関係についての研究を行ないました。

　彼らによれば、不確実性の高い環境の下で高業績を上げている会社は、部門が細かく分かれており、同時に、これらの部門間で生じる利害の対立を調整する機能も持ち合わせています。

　言い換えれば、環境に合わせて部門を細分化しても、そのことによって多発する部門間の利害対立をうまく調整している会社が業績を上げることができるといえるでしょう。

日本的雇用制度の三種の神器

　2章では、欧米の会社組織に関する研究を説明してきましたが、日本の会社組織に関する研究も注目を集めたことがあります。たとえば、1960年代の日本の高度経済成長をもたらした要因を探る研究が、1970年代にドラッカーなどによって行なわれました。

　その際、日本的雇用制度として、「**終身雇用**」「**年功賃金**」「**企業別組合**」が、いわゆる「三種の神器」として評価されました。

　これらの制度は、従業員の会社に対する帰属意識を高め、それがよい方向に働いて、高度経済成長をもたらすことになりました。しかし、その後、日本経済は成熟期を迎え、これらの制度がうまく機能しなくなってきています。

　この日本的雇用制度の長所と短所をまとめると、次のようになるでしょう。

		終身雇用	年功賃金	企業別組合
会社	長所	雇用の確保	忠誠心の獲得、生産性向上	良好な関係の維持
会社	短所	適材適所の人事が困難	順送りの人事になりやすい	不況期に解雇が困難
従業員	長所	身分の安定	生活水準の向上	良好な関係の維持
従業員	短所	希望しない部署への配置	上下関係の硬直化	転職が困難

　また、このような会社と従業員の関係から、「会社は従業員のもの」「社長はサラリーマンの出世のゴール」などの、日本独特の考えをもつ人も多いようです。

　この、かつて機能した雇用制度を、どのように時代に合わせたものとするかということが、いまの日本の大きな課題といえるでしょう。

3章

組織管理のしかたと従業員教育の方法

前章を受けてより具体的な組織の構成についてみていきましょう。

3-1 組織の管理原則とは

管理原則は組織を維持するための秩序

　2章では、組織をどうとらえるかということについて説明しましたが、3章では、組織をより実践的に管理するための知識を取り上げます。まずは、**組織の管理原則**（Principles of Management）についてです。

　組織（3章以降では、バーナードの定義する組織（2－2項参照）ではなく、一般的に使われている意味での組織を指すものとします）をつくったり管理したりするときは、ある程度の秩序が必要です。もし、秩序がなければ、組織が維持できなくなったり機能しなくなったりするからです。

　組織の秩序については、多くの研究者が組織の管理原則として示しており、たとえば**ファヨール**（2－9項参照）も14の原則を示していますが、この14の原則は、広く定まったものではありません。現在、一般的に使われている原則のうち、重要と思われるのは以下の5つの原則です。

①**専門化の原則**（Principle of Specialization）
　組織の構成員が、細かく分けられた仕事のひとつを専門的に行なうようにするという原則。このことにより、1人に割り当てられる仕事が単純になり、そして各々の仕事の習熟度が高まるため、組織全体として仕事が効率的に行なえるようになります。

②**権限責任一致の原則**（Principle of Authority and Responsibility）
　負わされる責任はそれに相応する権限をともなわなければならず、また、与えられる権限もそれに相応する責任をともなわなければならないという原則。また、これらの権限と責任は、組織内の職位（階層）にもとづいて与えられたり負わされたりするものでなければなりません。なお、このことを**階層化の原則**（Principle of Scalarship or Hierarchy）ということがあります。

③**統制範囲の原則**（Principle of Span of Control）
　上司1人あたりが指揮・監督する部下の数を適正にしなければならな

◎特に重要な5つの「組織の管理原則」◎

いという原則。これについては、明確な基準はありませんが、直接部門については30人程度まで、間接部門については10人程度までといわれています。この範囲を超えると、上司の部下に対する指揮・監督の効率が下がることになります。

④**命令統一性の原則**（Principle of Unity of Command）

組織の構成員は、1人の上司からのみ命令されるという原則。これは、部下が上司のさらに上司から命令されたり、他の部署の上司から命令を受けたりすることによる、指揮系統の混乱を避けるためのものです。

⑤**権限委譲の原則**（Principle of Delegation of Authority）

上司が部下に権限の一部を委譲することによって、仕事の効率化を図るべきであるという原則。定型的な仕事は、問題が発生しても定められた手続きで解決できることが多いことから、権限委譲を行ないやすいといえます。この権限委譲により、上司は、例外的な判断や仕事に専念できるようになります。したがって、この原則は、**例外の原則**（Principle of Exception）といわれることがあります。

3-2 ライン組織とファンクショナル組織

2つを組み合わせたライン・アンド・スタッフ組織

　組織の管理原則にもとづいて、どのような組織がつくられるのかということについてみていきましょう。

　まず、最も単純な組織は**ライン組織**（Line Organization）です。トップからボトムまでひとつの指揮系統でつながっており、「命令統一性の原則」が徹底されています。そのため、組織としての統一性や規律が保たれるという利点がある一方で、上位の管理者の負担が大きくなったり、環境の変化への適応がしにくかったりする短所があります。そこで、ライン組織は、同じ製品を大量に生産している事業に向いています。

　つぎに、「専門家の原則」に従ってつくられた組織を**ファンクショナル組織**（Functional Organization）といいます。これは、細かく分けられた仕事（職能：Function）に対し、複数の上司が、自分の担当する分野ごとに指示を出します。テイラーの提唱した「職能別職長制度」（2－8項参照）がルーツになっているといわれています。

　ファンクショナル組織では、上司が自分の担当分野だけを管理すればよいので、負担が少ないという利点がある一方で、担当分野を優先して指示を出し、その結果、複数の上司からの命令の間に矛盾が生じ、部下が混乱する可能性があるといった短所があります。もっとも、このファンクショナル組織は、現在の会社ではほとんどみられません。

　現在では、ライン組織とファンクショナル組織の利点を組み合わせた、**ライン・アンド・スタッフ組織**（Line and Staff Organization）を取り入れている会社がしばしばみられるようになりました。この組織では、事業を担当するライン部門と、ライン部門を支援する財務部、総務部、商品開発部などのスタッフ部門に分かれます。このことにより、トップからライン部門に対して命令を一元化して出すことができると同時に、スタッフ部門で専門化を図ることもできるようになります。

　その一方で、ライン部門とスタッフ部門の関係が曖昧であると、ライ

◎3つの組織形態のしくみ◎

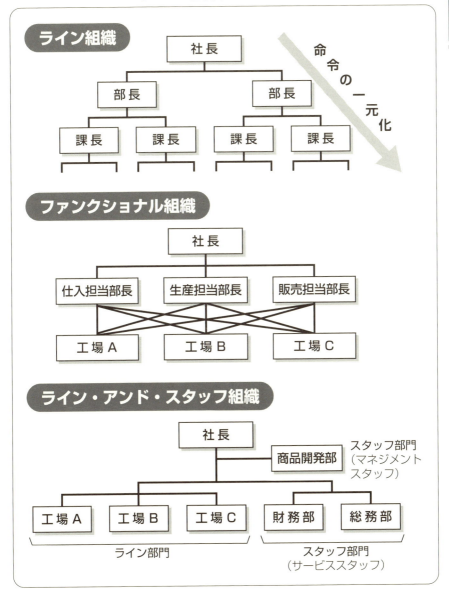

ン部門がスタッフ部門の支援を嫌って独善的に活動したり、スタッフ部門が過度にライン部門に干渉したりすることがあるので、経営者は両者がうまく機能するよう調整する必要があります。

3-3 なぜ事業部制組織が発生したのか

事業部は権限を委譲され利益に責任をもつ

　米国では20世紀に入ると、会社の事業規模が大きくなり、ゼネラル・モーターズ、ゼネラル・エレクトリック、デュポンなどの会社が、**事業部制組織**（Divisionalized Organization）を採用するようになりました。事業部制組織とは、会社のなかで、製品またはサービス、地域、顧客などによって事業を分け、それぞれを分担する組織である事業部（Division）をもつ組織のことです。

　事業部制組織が採用されるようになった背景には、会社の事業規模が拡大していった結果、製品や地域によって異なる課題をもつようになってきたことから、その課題を、それぞれの製品や地域ごとに事業部をつくり、各事業部に解決を委ねることのほうが、会社全体で課題解決に取り組むよりも効率的であるという状況が考えられます。

　米国の経営学史研究家の**チャンドラー**は、後にこのような事業部制組織がつくられていった状況について研究し、「組織構造は戦略に従う」という有名な言葉を残しています。

　事業部制の特徴は、**大幅な権限が事業部に委譲されている**ことです。部内の事業計画を策定し、それを達成するための管理を行なうほか、部内の人事権をもつこともあります。そこで、事業部では仕入先を選定したり、製品価格を決定したりするほか、間接部門の費用も負担します。

　そして、事業部の最大の特徴は、委譲された権限に対応して、利益についても責任をもっているということです。そこで、事業部は**プロフィットセンター**（利益責任単位）と呼ばれることがあります。

　このように事業部は、あたかも独立した会社のような位置づけにあります。そこで、同じ会社のなかであっても、事業部の間での部品や製品の受け渡し、すなわち社内取引が行なわれたときは、**社内振替価格**が使われることが一般的です。社内振替価格には、社外との取引と同様に利益も含まれており、市場原理が事業部間にも適用されることになります。

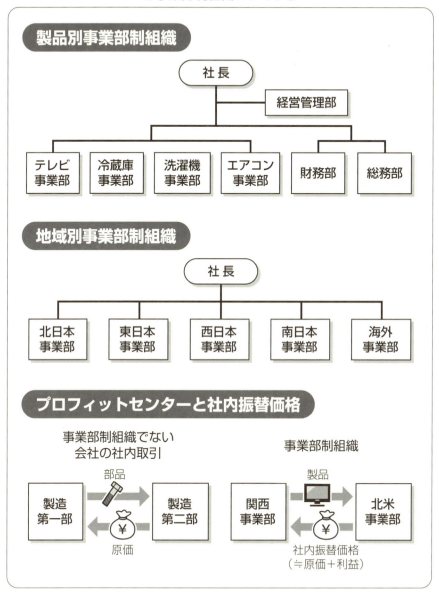

なお、事業部制組織を取り入れている会社であっても、長期的な経営計画、各事業部の業績の評価、幹部の人事決定などの権限は、本社が有していることが一般的です。

カンパニー制と持株会社の活用

カンパニーは投資効率の責任をもつ

　事業部制組織よりもさらに事業部の独立性を強めた**カンパニー制**（Company System）をとる会社が現われました。カンパニー制では、ひとつの事業部、または複数の事業部を、あたかもひとつの会社のように独立させます。

　具体的には、カンパニーの責任者であるカンパニープレジデントには、**設備投資を行なう権限が委譲**されます。この権限にもとづいてカンパニーが設備投資を行なうときは、本社から資金を調達しますが、この資金に対応する社内金利を本社に支払います。そして、カンパニーは単体で貸借対照表（7－2項参照）を作成し、本社から投入された**資金に対する投資効率**を明確にします。

　カンパニープレジデントは、本社から資金調達をするときに、設備投資を行なう権限に対応して、この投資効率の目標が与えられており、それを達成する責任を負っています。このことから、カンパニーは**インベストメントセンター**（Investment Center）と呼ばれることもあります。

　また、カンパニープレジデントは、カンパニーのすべての役員・従業員の人事権をもち、カンパニー単位で採用を行ないます。会社によっては、カンパニーの業績に連動して賞与が決められる場合もあります。

　このカンパニー制を導入する目的としては、カンパニーに大幅な権限を委譲することで**事業環境の変化に迅速に対応**させたり、カンパニーに対して**起業家精神**をもたせ、より**積極的に事業に臨ませる**ということがあげられます。

持株会社は法的に独立した子会社をたばねる

　さらに、このカンパニーを法的にも独立させる、すなわち**分社化**（スピンアウト：Spin Out）させる例もあります。この場合、本社は**持株会社**（Holding Company）として、分社化した**子会社**（Subsidiary）をた

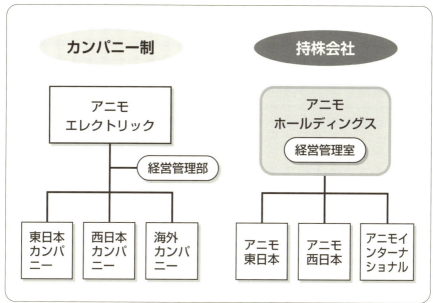

◎カンパニー制と持株会社のしくみ◎

ばね、傘下の会社の集団としての戦略を策定したり、子会社間の資源配分を行なったりする役割を担います。子会社は、独立した会社として、それぞれの会社の社長の指揮のもと、それぞれの事業を担います。

なお、日本の会社法では、他の会社から議決権の50％を超えて保有されているなど、その会社から実質的に支配されている会社を「子会社」と定義しています（一方、子会社を支配している会社は**親会社**（Parent Company）といいます。

また、私的独占の禁止及び公正取引の確保に関する法律（独禁法）では、会社の資産のうち、子会社の株式の取得価額の合計額が50％を超える会社を「持株会社」と定義しています。持株会社のうち、自らも事業を行なっている会社を**事業持株会社**、株式の保有だけをしている会社を**純粋持株会社**といいますが、ここで取り上げた持株会社は、純粋持株会社を前提にしています。

持株会社の場合、他社を買収することによって、ただちに自社の傘下にしたり、不採算の子会社を売却または整理したりすることが容易であるという利点があります。

3-5 マトリックス組織とSBUとは

戦略的に組織の効率化を図る

　事業部制組織にファンクショナル組織の利点を活かそうとしてつくられた組織が**マトリックス組織**（Matrix Organization）です。たとえば、各事業部が製品や地域ごとの事業を担っているときに、各事業部に対して、開発部、生産部、販売部などが、それぞれの担当する分野について命令を出す、すなわち行列（matrix）のような構造になっています。ただし、ファンクショナル組織では、職能ごとに命令が出されますが、マトリックス組織では、煩雑化を避け、命令を出す部署を特定の目的に分けて絞られます。

　マトリックス組織では特殊な事業に取り組むために、専門性の高い人員を十分に確保できなかったり、製品が頻繁に入れ替わる状況に対応して専門的職能に重要性が求められるときに、複数の部門で専門性を共有できるという利点があります。ただし、複数の部署から指示がでることの煩雑さや矛盾の発生、責任の所在の曖昧さという問題点も残ります。

　また、事業部制組織の運営の効率化を図るために考え出された組織に**戦略的事業単位**（Strategic Business Unit：ＳＢＵ）があります。ひとつまたは複数の事業部を、次の基準でひとつの事業単位とするものです。
①明確な使命をもっている
②事業単位ごと競合相手を想定できる
③責任ある経営管理者をもっている
④一定の経営資源のコントロールが可能である
⑤単独での戦略的計画の策定が可能である

　このような基準によって、1970年にＳＢＵを導入した米国のゼネラル・エレクトリック社は、170あった事業部を43に整理し、事業部の過度な細分化を防ぐことに成功しました。

　ＳＢＵは、**事業ポートフォリオ**のなかで分類され、その位置によって、どのＳＢＵにどれくらいの経営資源を投入するかが決定されます。この

◎マトリックス組織のしくみとSBUのPPM◎

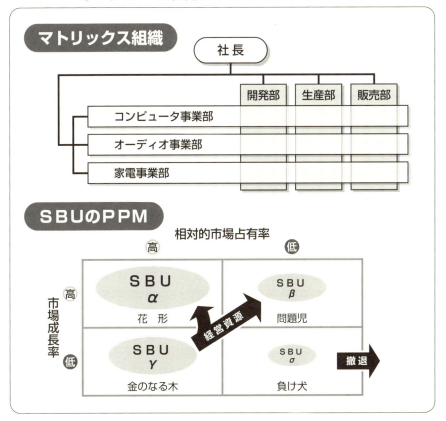

　ような方法によって、会社全体として経営資源を適切に配分することができるようになったり、撤退すべき事業を明確にすることができるようになります。このことは、事業部の間で経営資源を重複して所有してしまうという、分権的な事業部制組織の短所を補うことにもなります。
　ところで、**ポートフォリオ**とは、もともとは投資している有価証券の目録という意味でしたが、次第に、投資先の組み合わせを指す意味で使われるようになりました。前述の事業ポートフォリオは、一定の基準でどの事業に投資するかを決めるものですが、市場成長率と相対的市場占有率を基準として作成されるものが広く知られています。この基準により経営資源の配分を行なう方法は、**プロダクト・ポートフォリオ・マネジメント（PPM）**と呼ばれており、5-5項で詳しく説明します。

OJT、OffJT、ジョブ・ローテーションの特徴

従業員教育の方法のいろいろ

　この項からは、組織の構成員である従業員の管理方法について説明していきます。まずは、従業員の教育方法について、代表的なOJTとOffJT、およびジョブ・ローテーションについてみていきましょう。

　従業員の教育方法は、OJT（On the Job Training）とOffJT（Off the Job Training）の大きく2つに分けられます。

　OJTは、実際の仕事の現場で、上司が部下に対して指導を行ないながら必要な知識やスキルを身につけていく方法で、従業員教育の中心的なものです。長所は、コストが低い、現場で実際に行なわれている仕事について細部にわたり短期間で習得できる、従業員の個性に沿った指導ができるという点です。一方、短所は、習得する内容が現場の状況や上司の経験に左右されやすい、教える側に負担がかかるという点です。

　そこで、OJTの短所を補うために、OffJTを行なうことも大切になります。OffJTは、実際の職場以外のところで従業員教育を行なう方法で、具体的には、社内で行なう講義や、社外で行なわれるセミナーに参加させます。OJTと比較して、コストがかかる反面、汎用的な知識を体系的に習得できるという長所があります。

　このように、OJTとOffJTにはそれぞれ長所と短所があることから、これらをうまく組み合わせて従業員教育を行なうことが肝要です。

　また、長期的な人材育成を行なう方法にジョブ・ローテーション（Job Rotation）があります。幹部候補となる従業員を育成するといったことを目的に、**計画的に社内での異動を行なう**ことです。これにより、従業員の適性を測ったり、セクショナリズムを防ぐという副次的な効果も得られます。ジョブ・ローテーションは、人材育成のために計画的に行なうもので、事業の都合によって行なわれる配置転換とは区別されます。

　ジョブ・ローテーションは、ハーズバーグ（2-11項参照）が、動機付け要因となる具体的な手法として提唱した「職務拡大」と「職務充実」

◎OJT、OffJT、ジョブ・ローテンションなどのしくみ◎

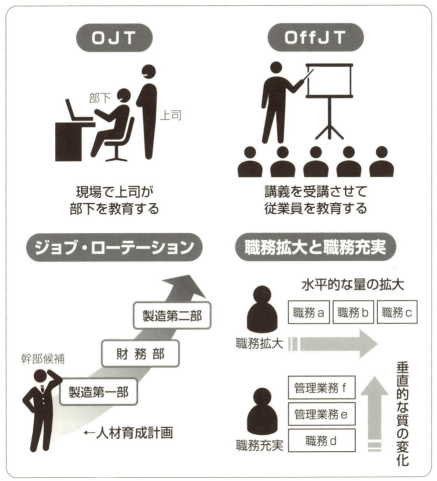

を行なうこともできるようになります。

　職務拡大は、同程度の難易度の仕事を増やす、すなわち、水平的に仕事の量を増やすことです。いわゆる**多能工化**も職務拡大のひとつといえます。一方、**職務充実**は、上司の仕事の一部を任せたり、権限を与えて管理業務の一部を任せるなど、難易度の高い仕事に担当を広げる、すなわち、垂直的に仕事の質を変えることです。

　ジョブ・ローテーションを通して、職務拡大、職務充実を実施することで、それが動機付けとなり、従業員が満足を得ることにつながります。

システム4理論、SL理論とは

リーダーシップはどうあるべきか

　組織の構成員の活動に大きな影響力をもっているものに**リーダーシップ**があります。リーダーシップは、一般的にはリーダー（経営者や管理者）の素質や指導力を指しますが、さまざまな面からさまざまな研究が行なわれています。そこで、その代表的なものである、**システム4理論**と**SL理論**についてみていきましょう。

　米国の心理学者である**リッカート**は、リーダーシップによる組織の管理システムを4つに分類しました。この考え方は「**システム4理論**」（System 4）と呼ばれています。

①**システム1（権威主義・専制型）**…リーダーは部下を信頼しておらず、意思決定に参加させない一方で、部下は恐怖によって働かされる。

②**システム2（温情・専制型）**…リーダーはあまり部下を信用しておらず、多くの意思決定はリーダーが行なう。部下に対してはアメとムチにより動かそうとし、一方、部下はリーダーを恐れながら仕事をする。

③**システム3（参画協調型）**…リーダーは部下の大部分を信用し、最終的な決定はトップが行なうものの、個別的な事項に関する決定の権限は部下に委譲されている。コミュニケーションも確保され、部下の管理活動への参画も動機付けとなっている。

◎「システム4理論」によるリーダーシップ◎

 権威主義・専制型　　 温情・専制型

 参画協調型　　 民主主義型

◎「ＳＬ理論」によるリーダーシップ◎

段階	有効なリーダーシップ	成熟度	業績志向	人間志向
S1	指示的リーダーシップ	低い	高い	低い
S2	説得的リーダーシップ	やや低い	やや高い	高い
S3	参加的リーダーシップ	やや高い	やや低い	高い
S4	委任的リーダーシップ	高い	低い	低い

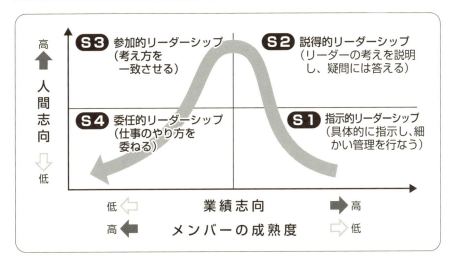

④**システム４（民主主義型）**…リーダーは部下に全幅の信頼を置いており、意思決定も全員で行なわれる。かつ、コミュニケーションも確保され、組織としても統率されている。

組織の状況や、置かれている環境によって望ましいリーダーシップのあり方は変わると思われますが、リッカートによれば、システム４の状態の会社が最も業績がよいとしています。

つぎに、米国の経営学者である**ハーシー**と**ブランチャード**が提唱した、ものが「ＳＬ理論」（Situational Leadership Theory）です。

これは、部下の成熟度によって、有効なリーダーシップスタイルは異なるという考え方です。

具体的には、横軸に業績志向とメンバーの成熟度、縦軸に人間志向の強さをおいて４象限に分け、それぞれの状況でリーダーシップの有効性を強めていくにはどうすればよいかということを示しています。

QCサークルと5S活動の活用

QCサークルには副次的効果がある

　日本独自の組織活性化の手法に**QCサークル**と**5S活動**があります。

　まず、「QCサークル」のQCとは、もともとは**品質管理**（Quality Control）という意味で、製品やサービスの質を高めるための管理を意味していました。

　そして、QCサークルとは、品質管理を行なうための**小集団活動**のことをいい、すなわち、事業の現場にいる人たちが、小さな部署単位で現場の問題点を洗い出し、自らその問題点を改善していく一連の活動を指します。

　現在では、QCサークルは、品質管理のための活動に限らず、小集団による事業の改善活動の意味でも使われるようになっています。

　QCサークルは、現場にいる人たちが自ら改善策を考案し実施することが特徴で、むしろ、経営者や管理者層はQCサークルには参加せず、アドバイザー的な立場で側面から支援をします。

　この活動の本来の目的は事業の改善ではあるものの、次のような副次的な効果があります。

①従業員が自ら改善策を考案するので、経営者や管理者の立場での考え方を体験でき、またその実践も能動的に行なうようになる

②改善の効果をただちに感じることができるので、現場の従業員であっても、改善活動への関心が高まる

③改善活動を通して、従業員同士のコミュニケーションが活発に行なわれるようになり、チームワークが醸成される

　このような副次的な効果があることから、QCサークルは品質向上だけでなく、従業員の能力を高めることを目的として実施されることもあるようです。

5S活動とは

　つぎに「5S活動」の5Sとは、日本の製造業で始まった改善活動で、「整理」「整頓」「清掃」「清潔」「躾」のことを指します（それぞれの頭文字のSをとって名づけられています）。ただし、5Sでは、それぞれの言葉は次のような活動を指します。

整理	不要なものを捨てること
整頓	ものを決められた場所に置き、すぐに取り出せる状態にしておくこと
清掃	ものの保管場所の清掃を行ない、つねにきれいにしておくこと
清潔	整理・整頓・清掃を維持すること
躾	ルール・手順を守る習慣を定着させること

　5S活動は、職場の作業の効率化や環境の改善が本来の目的ですが、QCサークルと同様に、現場の従業員の事業改善への関心を高める副次的な効果があることから、日本の多くの会社で取り入れられています。

知っとコラム　系列会社のつながり

　3-4項で、**持株会社**について説明しましたが、これと異なる、日本に独特の会社のつながり方として**系列会社**があります。系列会社には、核となる会社があり、その会社に原材料や部品などを納品する会社で構成されます。

　持株会社の場合、親会社は株主として子会社を支配しますが、系列会社は、中核会社から出資を受けたり、幹部社員を派遣されたりすることはあるものの、必ずしも中核会社の子会社となっているとは限りません。系列会社のつながりは、長期的な取引を行なうという関係で維持されています。

　たとえば、トヨタは、カンバン方式によって自動車を生産していることで有名ですが、このカンバン方式は系列会社によって支えられているということもできます。

　カンバン方式は、必ずしも系列会社でなければ実施できないということではありませんが、部品などの納期を厳守するという厳しい条件を維持できているのは、系列会社が長期的な取引を得られるという「誘因」があるから、納期厳守という「貢献」で応じることで実現できていると私は考えています。

　また、平成19年7月の新潟県中越沖地震で、自動車エンジンの主要部品であるピストンリングの国内シェア50%の製造をしている、リケンの柏崎工場が被災し、生産が停止したことから、日本の自動車メーカー全社も、一時的に自動車の生産を停止したということがありました。

　このときは、トヨタを中心とした自動車メーカーから派遣された約800人の人たちが、工場の復旧に尽力し、早期の操業再開に協力しました。

　もちろん、トヨタはリケンが生産を再開しなければ、自社の事業にも支障が出るという事情もありましたが、このような人的な協力関係も、系列会社同士のつながりの強さの表われだと思います。

4章

経営管理と経営計画の上手なすすめ方

経営に関する具体的な手法についてみていきましょう。

4-1 経営理念で会社の目的やあり方を明確にする

明文化して役員や従業員に示す

経営理念は、明確な定義はないものの、**会社の最も基本的な目的やあり方を示すもの**です。会社によっては経営理念ではなく、「企業理念」「基本理念」あるいは「**コーポレート・アイデンティティ**」（Corporate Identity：ＣＩ）などといったもので表わしています。それぞれ若干の違いはありますが、基本的な理念を示すという点では共通しています。

経営理念は、組織の要素のひとつである**共通目的**（2-3項参照）を明確にするという役割を担っているといえます。もちろん、会社の目的は利益を得ることです。しかし、これは短期的な観点からだけの目的であり、会社が半永久的に存続するという前提では、会社の**持続可能性**（1-8項参照）を高めなければなりません。

そこで、**企業市民**（同前）として利害関係者（同前）とどう関わっていくのか、また、どういう存在であるのか、そして、どういう役割を果たすのか、ということも大切になります。

したがって、これらについて、経営者の考えを可能な限り明文化し、役員や従業員に示すことによって、会社全体として価値基準や事業活動の足並みを揃えることができるようになります。

また、経営理念によって、役員や従業員が毎日取り組んでいる事業の意義を認識することができ、これが仕事に対する動機付けにもなります（2-11項のマグレガーの「Ｘ理論・Ｙ理論」、およびハーズバーグの「動機付け-衛生理論」を参照）。

さらに、顧客や投資家に対しても、経営理念によって会社のめざすところが明確に伝わり、よい印象や愛着をもってもらう効果も得られます。

ところで、経営理念を補うものとして、**ミッション**（Mission）、**ヴィジョン**（Vision）、**ドメイン**（Domain）などがあります。「ミッション」は、社会との約束や顧客に対する使命を、「ヴィジョン」は、会社や事業の方向性を、「ドメイン」は、事業を進めようとする領域をそれぞれ

◎経営理念の例◎

日立製作所

日立製作所は、その創業の精神である"和"、"誠"、"開拓者精神"をさらに高揚させ、日立人としての誇りを堅持し、優れた自主技術・製品の開発を通じて社会に貢献することを基本理念とする。あわせて、当社は、企業が社会の一員であることを深く認識し、公正かつ透明な企業行動に徹するとともに、環境との調和、積極的な社会貢献活動を通じ、良識ある市民として真に豊かな社会の実現に尽力する。

（日立製作所のホームページより）

ヤマト運輸（ヤマトグループ）

ヤマトグループは、社会的インフラとしての宅急便ネットワークの高度化、より便利で快適な生活関連サービスの創造、革新的な物流システムの開発を通じて、豊かな社会の実現に貢献します。

（ヤマト運輸のホームページより）

三井住友フィナンシャルグループ

お客さまに、より一層価値あるサービスを提供し、お客さまと共に発展する。
事業の発展を通じて、株主価値の永続的な増大を図る。
勤勉で意欲的な社員が、思う存分にその能力を発揮できる職場を作る。

（三井住友フィナンシャルグループのホームページより）

指します。

　これらは、経営理念のなかに含めて示されることもありますが、経営理念とは別に示される場合もあります。いずれにしても、会社の基本的な目的を明確にする要素となります。

4-2 経営戦略で道筋を示す

経営戦略は3つの戦略に分類される

　経営理念は会社の最も基本的な目的やあり方を示すものですが、それをどのように実現していくかという道筋を示すものが**経営戦略**です。

　経営戦略の「戦略」という言葉は、その文字からもわかるように軍事用語で、大辞泉によれば「戦争に勝つための総合的・長期的な計画」という意味です。したがって、経営戦略とは、会社という組織の目標（経営理念など）を達成するための長期的な計画ということです。

　ところが、経営戦略については、多くの学者がそれぞれ定義を示しており、ひとつに絞ることは困難であることから、本書では、経営戦略の指すところは上記の記述にとどめ、以下、どのような役割や機能があるのかという面から理解していただきたいと思います。

　経営戦略という考え方が必要とされるようになった背景には、組織としての会社をどのように管理すればよいかという課題以外に、**外部環境にどう対応すればよいか**という課題が出てきたことがあげられます。

　たとえば、20世紀に入り、米国のゼネラル・モーターズやデュポンなどの会社が、経営資源を会社内でどう配分すべきか、また、事業活動をどの分野やどの地域に広げていくかという長期的な観点からの管理が行なわれるようになりました。

　その結果、これらの会社は、その長期的な観点、すなわち経営戦略に従って事業部制組織を採用しました。後に、これらの会社の事例を研究したチャンドラーは「**組織構造は戦略に従う**」という結論を出すに至りました。

　経営戦略は、戦略の対象により大きく以下の3つに分類されます。
① **成長戦略**…会社の資源配分をどのように行なうか、および、どのような分野に事業を進めるか（または撤退するか）ということを示す戦略。**全社戦略**ともいう。
② **競争戦略**…事業（またはSBU（3-5項参照））が、競合他社とど

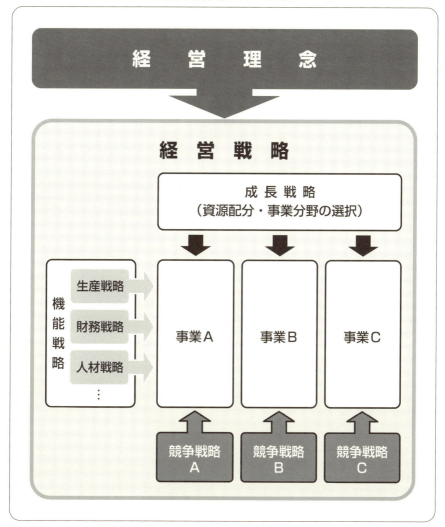

のような方法で競争していくかを示す戦略。**事業戦略**ともいう。

③**機能戦略**…生産機能に対する戦略である「生産戦略」、販売機能に対する「販売戦略」、財務機能に対する「財務戦略」、人事機能に対する「人材戦略」など、各機能を対象とした戦略。

　なお、本書では主に成長戦略、競争戦略と、競争戦略のうちマーケティングに関する戦略について説明していきます。

4-3 環境分析はどのように行なうか

■ SWOT分析で経営戦略の検討を行なう

　前項で述べたように、外部環境にどのように対応するかを示すことが経営戦略の主な目的のひとつです。そこで、経営戦略の策定にあたっては、**環境分析**を行なう必要があります。

　ただし、外部環境への対応とは、単に対応のしかたを外部環境に合わせるというだけでは受動的になり、それから策定される戦略は必ずしも効果的になるとは限りません。むしろ、**自社の内部環境も分析**し、それを外部環境に向けて積極的に活用するという能動的な対応を行なうことのほうが、より効果の高い戦略の策定につながります。そこで、環境分析は、外部環境だけでなく内部環境もあわせて行なわれるようになりました。

　外部環境と内部環境の分析結果が得られたら、次に、その結果を踏まえて、どのような戦略を策定すべきかの検討を行ないます。その手法としては、**SWOT分析**（SWOT analysis）がよく用いられます。SWOTとは、**強み**（strengths）、**弱み**（weaknesses）、**機会**（opportunities）、**脅威**（threats）を指し、分析結果をこれらの4つに分け、そこからどのような打ち手があるかということを、次のように検討します。

①機会を強みで活かす戦略は何か？
②機会を弱みで逃さないための戦略は何か？
③脅威を強みで避けるための戦略は何か？

◎環境分析の手法◎

環境		分析対象	分析方法
外部環境	マクロ環境	社会	PEST分析
	ミクロ環境	業界	5Force分析
内部環境	社内環境	事業活動	バリュー・チェーン分析
		経営資源	VRIO分析

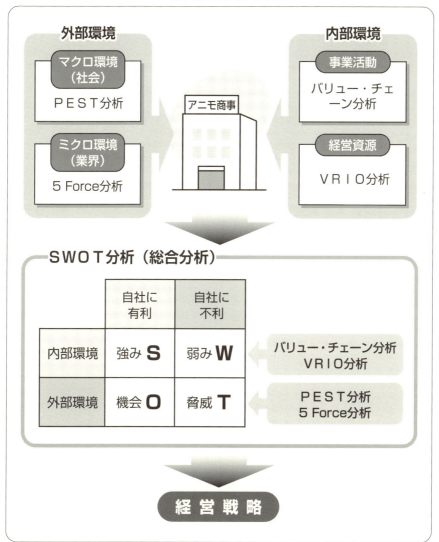

④**脅威に弱みを攻められないための戦略は何か？**

　ところで、外部環境や内部環境を分析する際には、前ページ表のような分析手法が用いられることがあります。これらの分析手法の詳細については、拙著『図解でわかる 小さな会社の経営戦略 いちばん最初に読む本』（アニモ出版刊）の2章を参照してください。

4-4 戦略遂行のための管理体制はどうするか

バランス・スコア・カードを活用する

　戦略を策定し、それを実行するにあたっては、それが確実に実行されているかどうかを管理する必要があります。

　その管理方法としては、ファヨールの提唱した、予測、組織化、命令、調整、統制といった「管理活動」（2－9項参照）や、それを単純化した「ＰＤＳサイクル」（Plan（計画）→Do（実行）→See（統制））がありますが、最近は、**バランス・スコア・カード**（Balanced Score Card：ＢＳＣ）という**業績評価システム**が注目されています。

　これは、1992年に米国の経営学者の**キャプラン**とコンサルタント会社社長の**ノートン**が開発したものです。

　ＢＳＣは、「財務の視点」「顧客の視点」「業務プロセスの視点」「学習と成長の視点」の４つの視点から、それぞれ戦略と関連性が強い指標を選択し、定期的に達成状況を確認するしくみです。

バランス・スコア・カードの３つの特徴

　ＢＳＣの特徴のひとつは、短期的な評価に偏りがちな財務の視点による指標だけでなく、それ以外の視点による評価も取り入れることによって、**長期的な戦略の目標を達成できるようにしている点**です。

　２つめの特徴は、**戦略を有機的に関連づけて**管理することです。ＢＳＣを採用した米国のサウスウェスト航空の例では、「地上クルーのチームワーク向上（学習と成長の視点）→実稼働時間の増加（業務プロセスの視点）→定刻離着陸の厳守（顧客の視点）→低コストの実現（財務の視点）」という関連づけが行なわれています（右ページ図を参照）。

　このように、財務の視点以外の戦略も、最終的には財務の視点による評価に収斂されるように選択されることで、選択した戦略同士が対立するということがなくなり、効率的に戦略が遂行されるようになります。

　３つめの特徴は、戦略と関連性が強い指標、すなわち、**重要業績評価**

◎戦略とＫＰＩの関係の例◎

視　点	戦　略	ＫＰＩ	目　標
財務	低コストの実現	純利益	20％上昇
顧客	定刻離着陸の厳守	定刻離着陸率	90％以上
業務プロセス	実稼働時間の増加	飛行キャンセル比率	0％
学習と成長	地上クルーのチームワーク向上	従業員の賞与額	20％上昇

◎４つの視点を関連づけた例（サウスウェスト航空）◎

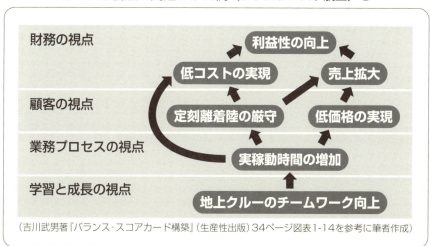

（吉川武男著『バランス・スコアカード構築』（生産性出版）34ページ図表1-14を参考に筆者作成）

指標（Key Performance Indicator：ＫＰＩ）を管理することで、管理がしやすくなると同時に、どの部署でどのような目標を達成すればよいかということが明確になります。

　言い換えれば、会社の最終的な目標であり、ＫＰＩの頂上に位置する目標でもある**重要目標達成指標**（Key Goal Indicator：ＫＧＩ）が達成できない場合は、どのＫＰＩが原因か、すなわち、どの部署に改善が必要かということも明確になるということです。

　ＢＳＣの採用によって、前述の業績不振に陥っていたサウスウェスト航空は業績を回復したという例もあり、現在では、多くの会社がこのＢＳＣでの業績管理を行なうようになっています。

ERPによって事業管理を行なう

ERP、MRPとは

　前項で説明したBSCは、戦略の進捗状況を管理する方法でしたが、これに対し、会社全体の経営資源を適切に配分し、事業の最適化を図るという観点から策定される**企業資源計画**（Enterprise Resources Planning：ERP）を導入することによって、事業管理が行なわれることもあります。

　ERPは、**資材所要量計画**（Materials Requirements Planning：MRP）の考え方を会社の事業全体に広げたものといわれています。

　ERPの原形となったこのMRPとは、生産の効率化を図る計画のことで、まず、製品の販売予測をもとに、その製造される時間を逆算して、その製品の製造に必要な部品のリストを作成します。さらに、組立てに要する時間を逆算し、それらの部品を発注する時期を決めます。

　このようなことを繰り返していくことによって、製品を製造するために必要な経営資源が最小限となるような計画、すなわちMRPが作成されていくわけです。

ERPは中小企業でも導入できる

　MRPの考え方を事業全体に広げたERPは、計画の対象となる経営資源を、「もの」だけでなく、「ひと」や「かね」にまで広げたものです。

　たとえば、製造するタイミングでどれくらいの人出が必要となるか、部品を仕入れるタイミングでどれくらいの資金が必要になるか、という計画を立てることによって、ムダな経営資源の調達を防ぐことができるようになります。

　ただし、ERPを取り入れる会社が増えたのは、経営資源の効率化が図れるというよりも、むしろ、**情報技術**（Information Technology：IT）の発展があったからといえます。

　もちろん、大きな会社ほど経営資源の最適化の恩恵は大きくなるもの

◎ERPのしくみ◎

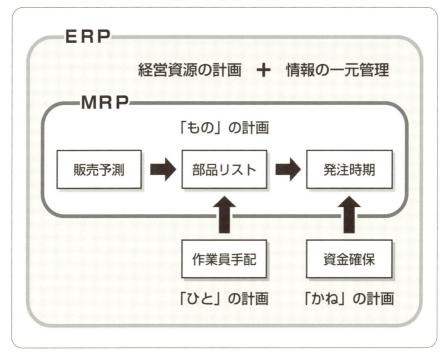

の、ERPを作成するための計算も複雑になります。

　これを迅速かつ容易に行なえるようになったのは、1990年代以降の、ITの急速な進歩の後ろ盾があったからです。さらに、情報の一元管理や迅速な意思決定も可能になり、このことが、戦略の選択の幅を広げることにもなりました。ERPを導入することそのものが、事業の競争力を高めることになったのです。

　このようなことから、ERPは、企業資源計画というよりも、むしろ、ERPを作成するプログラム、すなわち、**ERPシステムパッケージ**を指すようになっています。

　このERPシステムパッケージは、かつては、導入するときの投資額が10億円以上と、絶対的な金額が大きかったために、大規模な会社でしか導入できませんでしたが、近年では投資額が2,000万円程度に下がり、中堅企業や中小企業でも導入できるようになりました。

4-6 ＩＳＯ9001の導入にはどんな効果があるか

よりよい製品の生産やサービスの提供ができる

　事業の成果を高めるために、**国際標準化機構**（International Organization for Standardization：ＩＳＯ）が発行する**品質マネジメントシステム**（Quality Management System：**ＱＭＳ**）の国際規格であるＩＳＯ9001を取り入れる会社が増えています（日本では、ＩＳＯ9001を日本語に訳した、日本工業規格Q9001（ＪＩＳQ9001）が発行されていますが、本書では、これをＩＳＯ9001として説明していきます）。

　ＱＭＳとは、品質を管理するしくみのことで、管理の対象は製品を生産したりサービスを提供したりする工程（プロセス）です。これは、よい品質の製品やサービスは、工程を管理することによって生産されたり提供されたりするという考え方、すなわち、**プロセス・アプローチ**にもとづくものであり、これはＱＭＳの大きな特徴となっています。

　ところで、ここでいう品質とは、「この製品の品質は高い」などと一般的に使われている意味での品質ではなく、**顧客からの要求にどれくらい応じているか**ということを指します。この顧客からの要求とは、具体的には、顧客が要求する製品やサービスの機能、納期までの期間、価格、環境への配慮、安全性などをいいます。

　このＱＭＳを導入することで、よりよい製品の生産やサービスの提供ができるようになるわけですが、これが国際規格であるＩＳＯ9001の基準を満たしていれば、国内や海外の会社から、自社の製品やサービスの品質に対する信頼を得ることができるようになります。

　そのため、日本でも、自社製品の取引相手を増やす目的で、ＩＳＯ9001を取り入れる会社が増加しました。また、大企業のなかには、自社が購入する商品の信頼性を高めるために、購入先はＩＳＯ9001の認証を受けた会社に限定しているという会社も少なくありません。

　ところで、この「認証」とは、ＩＳＯ9001を取り入れている会社に対して、第三者である認証機関が審査を行ない、ＩＳＯ9001の要求事項に

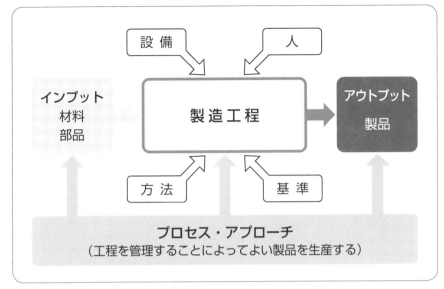

適合していること、すなわち、**適合性を文書で保証する**ことです。したがって、認証を受けている会社は、認証書を取引先などに見せることによって、ＩＳＯ9001に適合性を証明することができます。また、認証機関も認証した会社を公表しているので、取引を始めようとする会社などが認証を受けているかどうかを、前もって調べることも可能です。

この認証制度は、日本では、まず、公益財団法人日本適合性認定協会（Japan Accreditation Board：ＪＡＢ）が第三者機関に適合性評価の能力があるかどうかを審査し、認定を行ないます。

2016年12月の時点では、41の機関が認証機関として認定されています。そして、この認証機関がＩＳＯ9001を取り入れている会社を認証するという２段階になっています。

なお、ＪＡＢは1998年５月に17か国の認定機関との間でQMSについての国際相互承認協定を締結しており、日本でＩＳＯ9001を認証された場合、その認証は協定締結国に対しても通用するものとなっています。

ただし、ＩＳＯ9001を取り入れる目的は、認証を得ることではありません。**製品やサービスの品質を高めることが目的**なので、認証を得た後も、継続して事業の改善に取り組むことが大切です。

4-7 ナレッジ・マネジメントとは

会社内外の知識を経営資源として活用する

　会社の経営資源は「ひと・もの・かね」であるといわれていますが、近年は、**第4の経営資源**として「**情報**」がこれらに加えられることがあります。このことは、事業にとって情報が重要になりつつあるからと考えられます。

　情報の活用に関しては、会社の内部および外部にある知識を経営資源として活用することによって、事業のプロセスの改善を図る手法である**ナレッジ・マネジメント**（Knowledge Management：**知識経営**）が、1990年代から多くの会社に取り入れられるようになりました。

　ところで、ナレッジ・マネジメントの指す情報と知識は、厳密には意味が異なります。

　たとえば、気象庁が「明日の東京地方は気温が上がる」と予報を発表したとします。これは、「情報」です。そして、この情報をもとに、コンビニエンスストアの店長が、明日はホットコーヒーの在庫を減らして、アイスクリームの仕入れを増やそうといった商品の品揃えを決めるときに、気象庁の予報は「知識」になります。

　すなわち、明日は気温が上がるという予報だけでは無価値ですが、それが、コンビニエンスストアの的確な品揃えに反映され、収益機会を増やすために活用されることで、価値のあるものになります。**活用されて価値があるものと認識される情報が知識**ということになります。

SECIモデルの形式知、暗黙知とは

　知識の経営への活用法については、日本の経営学者である野中郁次郎の提唱したSECI（セキ）**モデル**が著名です。

　まず、このSECIモデルには、**形式知**と**暗黙知**という概念があります。形式知とは、**言語化された知識**を指します。前述の、コンビニエンスストアにとっての「明日の東京地方は気温が上がる」という予報が形

式知に該当します。

一方、暗黙知とは、**五感を通じて獲得され、言語化が困難な知識**のことです。たとえば、自転車の乗り方は、暗黙知であると考えられます。これは、言葉だけではなかなか伝えられず、乗り方を実際に見せることによって、自転車に乗ったことのない人に伝えるということが、しばしば行なわれているからです。

事業で使われている暗黙知の具体的なものとしては、塗料の自動車への塗装のしかたなどといった**職人の技能**が該当します。このような技能は、言葉で他者に伝えることが困難であり、この技能を学ぼうとする人は、実際に職人の塗装のしかたを見ながら学ぶということになります。

なお、この暗黙知は、ハンガリー出身の科学者の**ポランニー**の研究論文の中に登場することでも知られていますが、野中の定義する暗黙知は、ポランニーのそれとは異なるものですので、注意が必要です。

新たな知識を想像するSECIモデルのプロセス

SECIモデルは、暗黙知と形式知が変換作用を起こすことによって新たな知識が創出されるプロセスを示すもので、それぞれのプロセスの頭文字をとって名づけられました。

①**共同化**（Socialization）…個人の保有している暗黙知を、他者が経験の共有を通じて獲得していくプロセス。前述の、塗装職人の塗装方法の伝え方がこれに該当します。

②**表出化**（Externalization）…暗黙知が、比喩や類比などを用い、対話することによって形式知に変換されるプロセス。

③**連結化**（Combination）…言葉で表現できる形式知は、他の形式知と組み合わせることが容易になるため、それらが結合されることによって、新たな形式知が生み出されるプロセス。たとえば、製品開発が行なわれるときは、いくつかの部門の形式知が結合し、新たな製品を生み出す形式知となります。

④**内面化**（Internalization）…行動をともなう学習によって、形式知が暗黙知として定着するプロセス。たとえば、社内マニュアル（＝形式知）を使ってOff JTで仕事を学んだあと、それをOJTで実践して習熟度が高まると、マニュアルに書かれていることが暗黙知として習

◎ＳＥＣＩモデルのしくみと、ナレッジ・マネジメントとＩＴ◎

ＳＥＣＩモデル

暗黙知

暗黙知

共同化（Socialization）

表出化（Externalization）

暗黙知

形式知

内面化（Internalization）

連結化（Combination）

暗黙知

形式知

形式知

形式知

ナレッジ・マネジメントとＩＴ

データベース
形式知
暗黙知

イントラネット

社内の知識や情報を同時に共有し、
効率化を図ったり、競争力を高める。

得されていきます。

野中は、この「共同化→表出化→連結化→内面化」といったプロセスが螺旋状に繰り返され、新たな知識が創造されていくと述べています。その例として、野中の主著である『知識創造企業』では、松下電器産業（現在のパナソニック）の家庭用自動パン焼き器の開発プロセスが示されています。

まず、開発担当者が評判の高いパンをつくっている大阪のホテルのパン職人から生地の練り方を学びます（→共同化）。次に、開発担当者が、生地の練り方をエンジニアに言葉にして伝えます（→表出化）。その次に、パンの焼き方をマニュアルにし、それにもとづいてパン焼き機の試作品を開発します（→連結化）。最後に、このパン焼き機の開発の成功の経験をもとに、同社では、ミル付きコーヒーメーカーや、かまどと同じように米を炊く電磁加熱炊飯器といった、生活の質の向上を意図した製品の開発につながりました（→内面化）——というプロセスが具体的に示されています。

ナレッジ・マネジメントの実践にはＩＴが欠かせない

ところで、ＥＲＰ（4－5項参照）と同様に、ナレッジ・マネジメントを実践するにあたっては、ＩＴが重要な役割を担っています。

具体的には、**イントラネット**（Intranet：インターネット等の技術を用いた社内システム）や、**グループウェア**（Groupware：コンピュータのネットワークを活用した、情報を共有するためのソフトウェア）を用いることによって、形式知をデータベースとして蓄積したり、共同作業をプログラム上で管理したりすることができるようになり、表出化や連結化の作業効率が飛躍的に高まりました。

このように、ＩＴによって知識の蓄積や共有が容易になったことが、ナレッジ・マネジメントを実践できる要件にもなっています。むしろ、ＩＴの活用法のひとつが、ナレッジ・マネジメントといえるのかもしれません。

93

4-8 短期計画、長期計画とローリング・プランとは

経営計画を確実に達成するためにはどうするか

　会社の方針などは「経営理念」によって、また、それをどのような方法でめざすのかということは「経営戦略」で示されます。その結果、具体的にどれくらいの売上や利益を得るのかということが、**経営計画（事業計画）**で数値で示されることによって、経営者の意図がより明確になります。従業員も目標が明確になり、ステークホルダーである株主や銀行も出資や融資の判断を行ないやすくなります。

　これは一般的には、5か年程度の**長期計画**や、1か年の**短期計画**によって示されます。また、3か年程度の**中期計画**や、3か月ごとの**四半期計画**が作成されることもあります。これらの計画は、売上高、利益額、顧客数などといった、数値が中心になりますが、進出したり撤退したりする事業（または製品や活動地域）といった、活動内容そのものについても示されます。

　すなわち、経営理念が「どこへ」（Where）、経営戦略が「どうやって」（How）を示すものであるとすれば、事業計画は「いつ」（When）、「だれが」（Who）、「なにを」（What）示すものであるといえるでしょう。

　経営者は、1か月ごと、3か月ごとなどに、これらの計画の達成状況を確認しながら、適宜、指示を行なったり、計画の修正を行なったりすること、すなわち、PDS（2-9項参照）を行なうことが大切です。なぜなら、言及するまでもなく、定期的な計画の進捗状況を確認することなしに、確実に事業の目標を達成させることは困難だからです。

　ところで、中期計画または長期計画のなかには、**ローリング・プラン**というものがあります。中長期計画は期間が長いため、計画の実行後、修正を要する機会が多くなります。そこで、中長期的な目標をより確実に達成するために、1年ごとに計画を修正して新たに中長期計画を立てて実行していくことがあります。この計画がローリング・プランです。

　一般的な中長期計画でも修正されることはありますが、修正後もその

◎事業計画とローリング・プランのしくみ◎

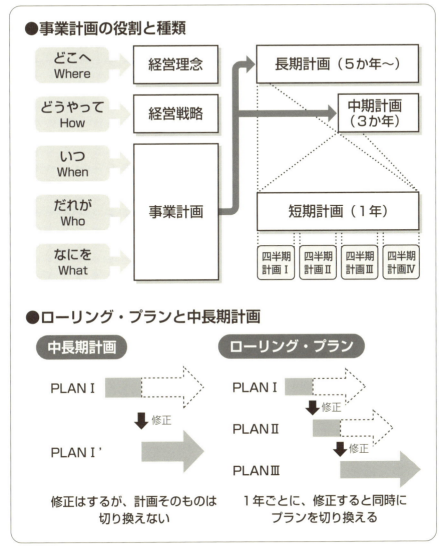

計画自体は継続します。一方、ローリング・プランでは、最初の中長期計画は1年経過したところで、旧計画の修正版である新計画に切り換えます。よって、切換え時に新計画が開始され、終了も旧計画から1年後にずれます。つまり、ローリング・プランは、短期的な環境変化に対応しながら中長期的な目標を達成していこうとする場合に優れています。

4-9 コンティンジェンシー・プラン、事業継続計画とは

コンティンジェンシー・プランとは

　ローリング・プランよりも、さらに環境の変化に対応するための計画に**コンティンジェンシー・プラン**（Contingency Plan：**不測事象対応計画**）があります。
　「コンティンジェンシー」とは、偶然性または不測の出来事という意味で、コンティンジェンシー・プランは、不測のことが起きたときに備える計画のことを指します。
　ローリング・プランでは、環境変化や新たに判明した事実に対応して定期的に計画を修正しますが、コンティンジェンシー・プランは**重大な環境変化**などを想定してあらかじめ作成しておくものです。
　たとえば、「主要な原材料が20％以上値上がりした」「法令などの変更により自社製品の一部が販売できなくなった」「自社の近隣に強力なライバルが出店した」など、計画の修正では対応することができず、根本的に計画を見直さなければならないようなときのために備えて作成しておくわけです。
　そして、万一の事態になったときは、当初の計画から、あらかじめ作成しておいたコンティンジェンシー・プランへの切替えを行ないます。また、環境がもとの状態に戻ったときは、当初の計画に、再度切り替えられることもあります。

事業継続計画＝ＢＣＰとは

　コンティンジェンシー・プランよりも、さらに緊急を要する事態に備えるための計画が**事業継続計画**（Business Continuity Planning：**ＢＣＰ**）です。ＢＣＰは、1999年に英国規格協会が情報セキュリティマネジメントシステムを定め、その後、事業全体へ対象を広げたものがその始まりで、自然災害や大規模な事故に企業が遭遇したときに、早期に事業を再開するための方法や手段をあらかじめ定めておくものです。

◎コンティンジェンシー・プランと事業継続計画のしくみ◎

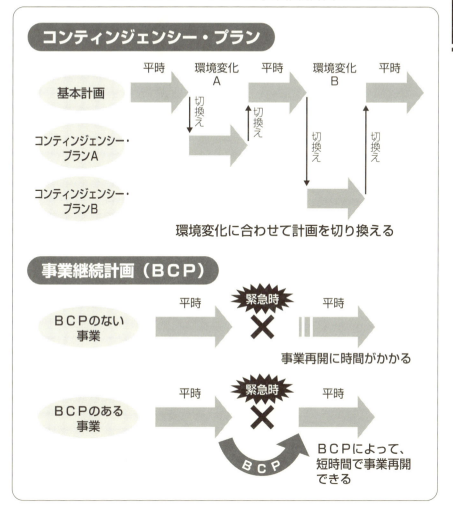

　コンティンジェンシー・プランは、急激な経営環境の変化へ備えるものですが、BCPは災害や事故などにより、事業の継続が困難になるような状態に陥ったときに備える計画です。そのため、事業の目標を達成するための計画ではなく、危機的な状況からの早期のリカバリーをめざすという意味合いが濃いものです。2011年の東日本大震災の際は、BCPを策定しておいた会社が事業を短期間で復旧させたという事例が多かったことから、BCPはさらに注目されるようになりました。

知っとコラム ドリルの穴

　近視眼的マーケティングという考え方を提唱した、ドイツ出身で米国で活躍した経営学者のレビットは、「ドリルを買いにきた人がほしいのは、ドリルではなく穴である」という有名な言葉を残しています。

　これは、「顧客は商品を買うのではなく、その商品が提供するベネフィットを購入している」ということを伝える比喩で、顧客が商品をほしがっていると考える、すなわち、近視眼的マーケティングに陥ったままで事業を行なうことを戒めるものです。

　この、「穴を売る」マーケティングの例で著名なものは、オートバイを販売しているハーレーダビッドソン・ジャパンです。

　同社は、一時、販売が伸び悩んだものの、「オートバイを売るのではなく、『ハーレーのある楽しい生活』を売る」という考え方でのマーケティングに転換し、業績を回復しました。具体的には、同社の商品を販売した顧客をハーレー・オーナーズ・グループへ入会させることで組織化し、グループのイベントで他のメンバーたちとツーリングをする機会を提供するなどして、自社商品への顧客の忠誠度を高めていくことに成功しています。

　とはいえ、近視眼的マーケティングに陥らないようにすることは意外とむずかしく、経営者は、常に顧客を意識して自社のマーケティングを見直すことが求められます。

　たとえば、プロ野球チームの横浜ＤｅＮＡは、かつては「チームが勝つこと」が顧客の求めることと考えていましたが、顧客にリサーチを行ない、その結果を反映して、プレーを間近に見ることができるエキサイティングシートを、球場のファールゾーンに設けるといった工夫などを行ないました。

　これらの工夫により、リーグでの順位が５位または６位と低迷していたにもかかわらず、平成27年の横浜ＤｅＮＡのホームゲームの観客動員数は約181万人と、平成23年の約110万人の約1.6倍に増えています。

5章

会社が生き残るための成長戦略と競争戦略

前章までの論理を踏まえた経営戦略についてみていきます。

5-1 製品と市場をマトリックスで考える

事業の成長戦略を検討する

　5章では、戦略にどのように臨むかということに対して経営者としての手腕が問われ、また、それが醍醐味でもある、「成長戦略」と「競争戦略」についてみていきます。

　会社の事業は、収益機会を求め成長していくことが常に求められています。また、会社をとりまく環境は常に変化しており、成長することを避けて何もしないでいることは、退化するに等しいことになります。そこで、**事業をどのように成長・発展させていくか**、という戦略を検討することが必要になります。

　その成長・発展の方向性を検討する手法のひとつが、**成長ベクトル**です。これは、ロシア出身の経営学者、**イーゴル・アンゾフ**によって提唱されたものです。具体的には、会社の事業の扱う製品と販売する市場を、それぞれ既存と新規に分け、それらのなかからどの方向に向かって事業を成長させていくべきかということを検討します。

		製品	
		既 存	新 規
市 場	既 存	市場浸透	製品開発
	新 規	市場開拓	多角化

　上表のとおり、4つのマスによって、「市場浸透」「製品開発」「市場開拓」「多角化」の各戦略が示されています。4つの戦略のうち、既存の製品または市場と関連する、市場浸透・製品開発・市場開拓の3つの戦略を**拡大化戦略**と呼び、残りの**多角化戦略**と区別することもあります。

　なお、成長ベクトルは、製品と市場の2つの切り口から分析を行なうことから、**製品市場マトリックス**と呼ばれることもあります。そして、自社の特性に照らし合わせ、リスクとリターンを勘案しながら事業の展開の方向性を打ち出します。

◎アンゾフの成長ベクトルの考え方としくみ◎

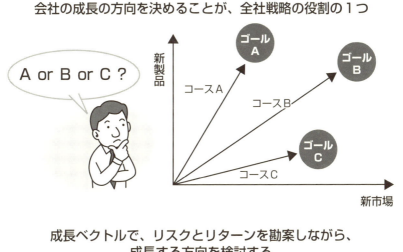

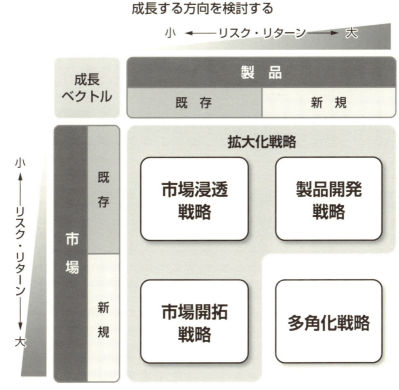

5-2 多角化戦略と相乗効果

多角化戦略の難易度は高いが…

現在、多くの会社では、前項であげた成長戦略のうち**多角化戦略**にもとづいて成長をめざすようになっています。

多角化戦略は、既存の製品や市場とも関連がないことから、難易度の高い戦略です。これは、競合の厳しくなりつつある時代において、難易度の高い戦略をとらなければ、成果を得ることも難しくなっているということが背景にあるからでしょう。

しかし、経営に関するノウハウが蓄積されてきていることによって、難易度の高い戦略に臨むことも、かつてよりは比較的容易になっているともいえるでしょう。多角化戦略の利点についてまとめると、次のようなものがあげられます。

①複数の事業を営むことから、外部環境の変化にともなう経営上のリスクが減少する
②異なる事業の間で、スキル・技術・ノウハウを共有できる
③高い収益性の期待できる分野に新規事業として進出できる
④複数の事業を行なうことで、スケールメリットを享受できる

多角化戦略には相乗効果がある

これらの4つに加え、多角化戦略をとる利点として、**相乗効果**（Synergy Effect：シナジー効果）があることもあげられます。

「相乗効果」とは、ひとつの会社が複数の事業を行なうことによって、それぞれの事業をひとつの会社で行なう場合よりも大きな効果を得られることを指します。すなわち、ある会社が多角化してもうひとつの事業を行なったとき、その効果が1＋1＝2ではなく、3ないしそれ以上の効果が得られたとき、相乗効果があったということになります。

ちなみに、相乗効果には、次の4つの種類があるといわれています。
①販売シナジー…販売経路や物流機能などを複数の事業で活用するとき

◎多角化戦略のメリット・デメリット◎

デメリット		メリット	
難易度が高い	⬌	環境変化への備え	高い収益の機会
リスクが高い		スキル・技術の共有	スケールメリット

◎相乗効果（シナジー効果）の４つの種類◎

販売シナジー 販売経路などの活用	**生産シナジー** 技術・原材料の活用
投資シナジー 設備・研究開発費の活用	**マネジメントシナジー** 経営ノウハウの活用

の効果

②**生産シナジー**…生産技術や原材料などを複数の事業で活用するときの効果

③**投資シナジー**…生産設備や研究開発費などを複数の事業で活用するときの効果

④**マネジメントシナジー**…事業経営のノウハウなどを複数の事業で活用するときの効果

　なお、相乗効果を期待して多角化戦略をとったにも関わらず、その結果、**負の相乗効果**（Anergy Effect：**アナジー効果**）が現われてしまうことがあります。

　たとえば、本社部門が複数の事業を管理するために意思決定が遅くなる、異なる事業に対してひとつの評価基準で評価しなければならなくなるということが起きます。しかし、多角化戦略を選択せざるを得なくなりつつある状況において、最近は、むしろ、このような負の相乗効果をどのように克服するかという点に注目が集まっています。

103

多角化戦略のいろいろ

方向性や現在の事業との関連で分類される

　多角化戦略はいくつかに分類されています。

　まず、多角化の方向によって、**水平型多角化戦略**と**垂直型多角化戦略**に分類されます。水平型多角化戦略は、既存顧客に対して、新しい製品を販売する事業へ多角化する戦略です。垂直型多角化戦略は、自社の扱う製品について、川上または川下へ事業を多角化する戦略です。

　水平型多角化戦略の例としては、鉄道会社が乗客に対して、小売事業によって商品を販売したり、不動産事業によって住宅や別荘を販売したりする例があげられます。

　一方、垂直型多角化戦略の例としては、事業所向けの弁当の販売から、社員食堂の運営、他社の運営するカラオケ店への食事の提供と多角化してきたシダックスの例があげられます。

　次に、現在の事業との関連によって、**集中型多角化戦略**と**集成型多角化戦略**に分類されます。集中型多角化戦略は、現在の技術・マーケティング能力のいずれか一方または両方に関連がある新製品を販売する事業に多角化する戦略です。集成型多角化戦略は、現在の技術・マーケティング能力のいずれとも関連のない新製品を販売する事業に多角化する戦略です。

　集中型多角化戦略の例は、化粧品などの製造会社である花王の事業があげられます。花王は、当初は石けんの販売をしていましたが、生理用品、化粧品、特定保健用食品など、石けんの製造に関連する技術やマーケティングを応用して、新たな製品を提供する事業に多角化しています。なお、集中型多角化戦略は、既存の事業の周辺に多角化してくことから、**同心円的多角化戦略**ともいいます。

　一方、集成型多角化戦略の例としては、ソニーの事業があげられます。ソニーは電気通信機の製造会社でしたが、その後、ラジオ、テレビなどの製造も始め、さらに、音楽制作、ゲーム機製造、保険や銀行などの金

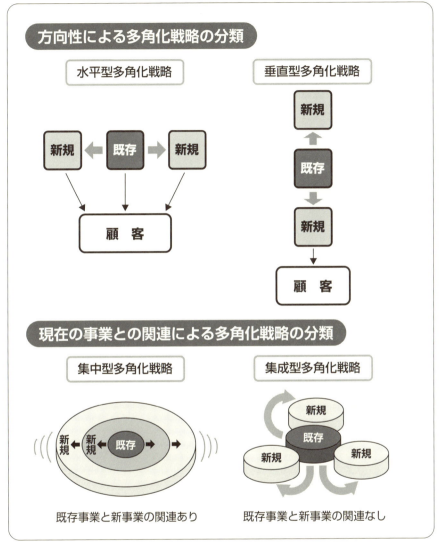

融業などにも多角化し、既存の技術やマーケティングに関連のない分野にも進出しています。

なお、集成型多角化戦略は、現在の事業と関連のない事業に多角化することが、石の礫(つぶて)が固まってできた礫岩(れきがん)(Conglomerate)のイメージと重なることから、**コングロマリット的多角化戦略**とも呼ばれます。

5-4 範囲の経済とは

経営資源を複数の事業で活用しあう

　成長ベクトルに関係の深いものに、**範囲の経済**という考え方があります。「範囲の経済」とは、複数の事業をひとつの会社で行なう場合と、複数の事業をそれぞれひとつの会社で行なう場合とでは、前者の場合のほうが経済的であるということを指します。

　範囲の経済による効果は、相乗効果（5-2項参照）と似ていますが、相乗効果はノウハウ、しくみ、リスク回避などの効果である一方、範囲の経済は経済性（＝費用の効率化）に焦点をあてている点で異なります。ただし、両者に厳密な区分はないので、範囲の経済は、相乗効果の経済性の一面であると考えてもよいでしょう。

　範囲の経済の具体例をみてみましょう。たとえば、システム開発を行なっているA社は、プログラム開発者の人材派遣事業、事業者がＩＴ化を進めるためのコンサルティング事業に多角化をしているとします。この場合、A社は会社の経営資源である、「ひと」「もの」「かね」「情報」を有効に活用することができます。

【ひと（人材）】
　3つの事業にあてる社員の採用を一元化。それぞれの事業の繁閑に合わせて、人材を相互に融通する。また、システム開発事業とコンサルティング事業の人材を交流させ、幅広い見識・経験をもった人材の育成を行なう。

【もの（設備）】
　システム開発事業のコンピュータを、人材派遣事業やコンサルティング事業と共有し、社員の能力開発を行なう。

【かね（資金）】
　3つの事業を一括して資金管理、資金調達、資金決済を行なう。

【情　報】
　会社運営システム（ＥＲＰ）を3つの事業で共有する。また、開発事

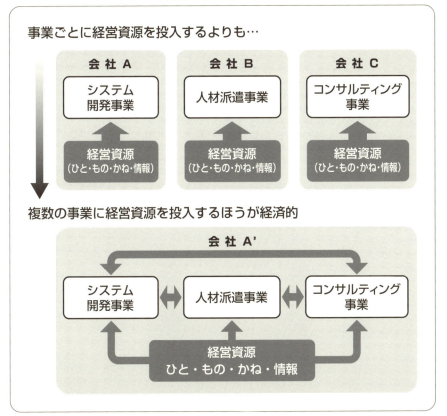
◎「範囲の経済」の考え方◎

業で取得した情報を、システムを活用する側の人材派遣事業やコンサルティング事業へ提供したり、その逆に人材派遣事業やコンサルティング事業で得た利用者側の情報を開発事業へ提供したりすることで、それぞれの事業の製品・サービスの品質を高める。

このように、事業の幅を広げることでコスト面で優位になったり、容易に競争力が高まるという効果が得られます。

しかし、範囲の経済はすべての例で奏功するとは限りません。たとえば、かつてアパレル事業を展開する会社が、野菜の流通事業に多角化し、その後撤退しました。失敗の原因はひとつだけではありませんが、アパレル事業の経営資源やノウハウが野菜の流通事業に実際に活用できなかったこともその大きな一因といえるでしょう。

5-5 PPMの考え方と活用法

経営資源の適切な配分を決めるための手法

　3－5項で少し触れた、**プロダクト・ポートフォリオ・マネジメント**（Product Portfolio Management：**PPM**）について詳しくみていきましょう。

　PPMは、複数の**戦略的事業単位**（Strategic Business Unit：**SBU**）に対して、経営資源の適切な配分を決めるための手法です。

　これは、1963年に米国で設立されたコンサルティング会社のボストン・コンサルティング・グループ（The Boston Consulting Group：**BCG**）によって1970年代に提唱され、複数のSBUの間で、主に**キャッシュ・フロー**（Cash Flow：**CF**＝「現金流量≒手元資金」。以下、この項では単に「資金」と記述します）の適切な配分を決めるために使われます（以下、この項ではSBUを単に「事業」と記述します）。

　具体的には、PPMでは、まず、**市場成長率**と**相対的市場占有率**の2つの軸で事業を4つに分類して配置します（右ページ図を参照）。

　縦軸の「市場成長率」は、各事業の市場における成長率のことで、その事業に投入しなければならない資金が多いか少ないかということを示しています。

　市場成長率が高ければ投入する資金の量も多く、市場成長率が低ければ投入する資金の量が少なくなります。

市場成長率＝
　（事業の今年の市場規模÷事業の前年の市場規模）×100－100％

　横軸の「相対的市場占有率」は、少し複雑な指標です。

　「相対的」とは、自社のある事業の市場での占有率が、その事業の属する業界の自社を除く最大の会社の占有率と比較するということを意味しています。

◎PPMのしくみ◎

市場成長率		相対的市場占有率	
		高	低
市場成長率	高	花形	問題児
	低	金のなる木	負け犬

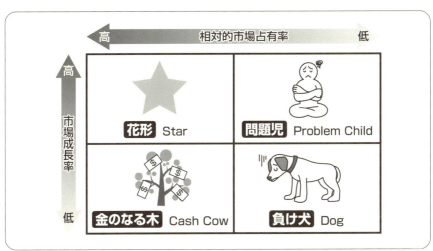

```
相対的市場占有率＝
  自社の市場占有率÷自社を除いた業界で最大の会社の市場占有率
```

　この計算式からわかるように、相対的市場占有率は自社と自社を除く最大手の会社との比較なので、たとえば、自社の市場占有率が30％で最大手の市場占有率が50％のときは、相対的市場占有率は0.6ということになります。

　この相対的市場占有率は、その事業から得られる資金の量を指しています。相対的市場占有率が高いときは得られる資金の量が多く、相対的市場占有率が低いときは得られる資金の量が少なくなります。

　このようにして、事業は、資金の流出量と流入量によってPPMの4つの象限に分類されます。たとえば、市場成長率が低く、相対的市場占有率が高い「金のなる木」に属する事業は、資金の流出が少なく、資金

◎PPMの4つの象限の関係◎

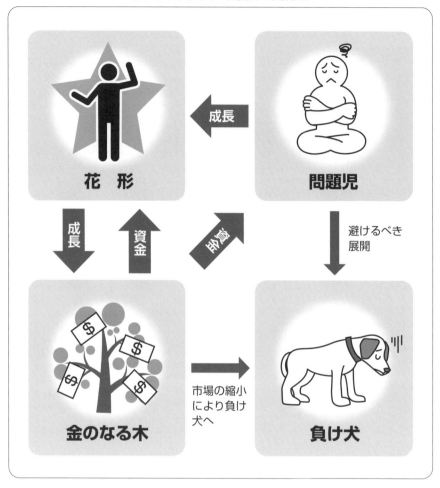

の流入が多い事業ということになります。

PPMを使った望ましい資源配分のしかた

　では、PPMからどのように**資源配分**（≒資金の投入）を行なえばよいか、ということがわかるのでしょうか？

　まず、**資金の流入が多い「金のなる木」に位置する事業を増やすこと**が、会社にとっては望ましいということになります。「金のなる木」が増えることで、最も効率よく会社の資金を増やすことができるからです。

そこで、「金のなる木」を増やすために、「金のなる木」の予備軍である、**「花形」に位置する事業に資金を多く投下**します。こうすることで、資金の流入の多い「金のなる木」を増やしていきます。

一方で、「金のなる木」は、成熟した市場をもつ事業が位置していることから、**資金流入が長続きしない**という短所があります。

そこで、将来の資金供給者としての「花形」も増やさなければなりません。そのためには、**「問題児」に位置する事業にも資金を投下**し、「花形」を増やしていくことも必要になります。

そして、**「負け犬」に位置する事業は、撤退を検討**します。資金の効率化の観点からは、その事業よりも、他の事業に振り向けることが妥当だからです。

また、このように「負け犬」に位置する事業は撤退を検討すべきという目安をつくることによって、撤退すべき事業が明確になるということも、ＰＰＭの特徴のひとつになっています。

ＰＰＭ以外の手法も使って判断を

ここまで、ＰＰＭの考え方では、「金のなる木」から得られる資金を、「花形」や「問題児」に投下し、将来の資金供給者を増やすことを目的として資金を配分していくことが最適であるということを説明してきました。

なお、実際の事業では、資金の流入量や流出量以外の事情も考慮して資源配分を行なうことが妥当ということもあるので、ＰＰＭだけでなく、多面的な手法を使って資源配分を行なうことが大切です。

5-6 経験曲線の活用

習熟度が高まればコストは下がる

　ＰＰＭの理解を深めるためには、**経験曲線**について知っておくとよいでしょう。前項で「相対的市場占有率が高いときは得られるお金の量が多く、相対的市場占有率が低いときは得られるお金の量が少なくなる」と説明しましたが、これは経験曲線の考え方によるものです。

　経験曲線とは、「**製品の累積生産高が増加するにつれて、製品ひとつあたりの生産コストは減少していく**」という効果を表わす曲線のことで、この効果は**経験曲線効果**といいます。

　経験曲線効果は、累積生産量が2倍になると、生産コストは20％程度減少するといわれています。このコストが下がるしくみは、明確には証明されていませんが、生産を繰り返すことで習熟度が高まったりノウハウが蓄積されたりすることで、生産コストが下がると考えられています。製品単価1,000円の製品を製造していった場合の例でみてみましょう（下表は、理解のしやすさを優先し、簡易なものとしました）。

累積生産高	a	10万個	20万個	40万個
製品単価	b	1,000円	1,000円	1,000円
累積売上高	c＝a×b	1億円	2億円	4億円
1個あたり生産コスト	d	800円	(※1) 640円	(※2) 512円
1個あたり利益額	e＝b－d	200円	360円	488円
累積利益額	f	2,000万円	(※3) 5,600万円	(※4) 15,360万円
累積利益率	g＝f÷c	20.0％	28.0％	38.4％

（※1）800円×（1－20％）＝640円
（※2）640円×（1－20％）＝512円
（※3）200円×10万個＋360円×10万個＝5,600万円
（※4）5,600万円＋488円×20万個＝15,360万円

　このように累計生産高が多くなれば、1個あたり生産コストが下がるため、累計利益額は増加し累計利益率も高くなります。したがって、累積生産高を多くすると、コスト面で有利になり、競合先との競争でも相

◎経験曲線の考え方とお金との関係◎

経験を積むほど、製造にかかるコストが少なくなる

初心者		エキスパート
ノウハウ 小　習熟度 低	経験を積むと	ノウハウ 大　習熟度 高
製造コスト 大		製造コスト 小

経験とお金の関係

	少 ← 累積生産高（市場占有率） → 多			
	10万個	20万個	30万個	40万個
1個あたり生産コスト	累積生産高が2倍になると20%ほど減少する　経験曲線			
1個あたり利益額	累積生産高に比例して増加する			
累積利益額			市場占有率が高くなっていくほど資金流入量が多くなる	

対的に有利ということになります。

　ところで、累積生産高が多い会社とは、市場での占有率も高い会社ということになります。市場占有率の大きい会社はコスト面での利点が大きく、流入する資金量も多くなります。そして、市場占有率の大きい会社はコストでの利点を活かし、さらにシェアを高めるという好循環を生み出すことができます。このようにして、市場占有率の高さは得られるお金の量と相関関係があるということがわかります。

113

5-7 ポーターの基本戦略とは

事業の有利性と標的から戦略を考える

　事業（またはSBU）がライバルとどのように競争していくかを示す競争戦略のなかから、最も著名な戦略のひとつである、米国の経営学者の**ポーター**が提唱した3つの**基本戦略**についてみていきましょう。

　この基本戦略をとるためには、前もって、その事業の属する業界について分析します。その分析のしかたについて、ポーターは**5フォース分析**を示していますが、5フォースとは「5つの力」という意味で、業界が影響を受ける次の5つの要素をいいます。

①**業界内の敵対関係**…競合他社との競争の激しさ、競合他社の多さ
②**新規参入の脅威**…業界に参入するライバルの多さ、参入障壁の高さ
③**代替品の脅威**…業界が扱う商品・サービスの代替品が登場する可能性。
　または、その競争力の強さ
④**供給者の交渉力**…原材料・部品・商品を供給する相手との力関係
⑤**顧客の交渉力**…商品・サービスを購入する顧客・会社との力関係

　この分析結果にもとづいて、自社の事業の有利性がどこにあり、そして標的（ターゲット）をどこにするかによって、その事業のとるべき戦略が下表のように分類されます。

		有 利 性	
		低価格	独自性
標的	業界全体	コスト・リーダーシップ戦略	差別化戦略
	特定分野	集中戦略	
		（コスト集中戦略）	（差別化集中戦略）

　業界全体を標的とし、価格の優位性で競争する戦略は**コスト・リーダーシップ戦略**です。同様に、業界全体を標的とし、独自性で競争する戦略は**差別化戦略**です。一方、特定分野を標的とする戦略は**集中戦略**です。集中戦略は、さらに**コスト集中戦略**と**差別化集中戦略**に分かれます。

◎ポーターの基本戦略の考え方◎

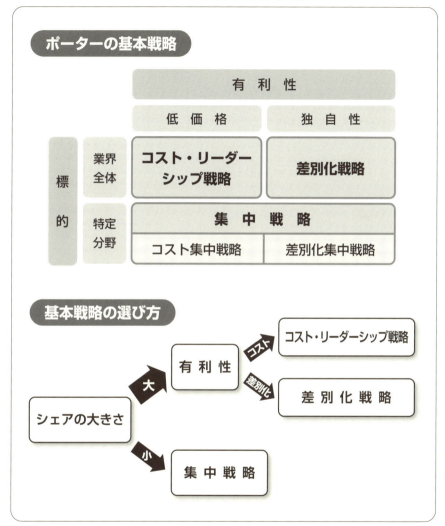

　経営資源が多く、シェアが大きい事業では業界全体を標的とし、経営資源が少なく、シェアの小さい事業は特定分野を標的とすることが適切です。

　前者は、製品の特性・事業のもつ技術からみて、量産により低価格を実現できる場合はコスト・リーダーシップ戦略を、他社との差別化を図ることができる場合は差別化戦略を選択することが妥当といえます。

5-8 コスト・リーダーシップ戦略の活用

低価格を実現して優位に競争する戦略

　前項で説明した基本戦略のうちで代表的な「コスト・リーダーシップ戦略」とは、製品を低価格で提供することを有利とする戦略です。その低価格を実現する方法には、次のようなものがあげられます。
①経験曲線効果の発揮
②規模の経済の実現
③効率的な供給体制の構築
④ＩＴ活用など、新しい技術の導入
⑤原材料、部品の供給者からの価格引下げ
　この戦略を遂行するには、経験曲線効果や後述する**規模の経済**の実現などの方法をとるため、規模が大きい事業に向いています。逆に、規模の小さいままで参入すると、低価格での競争のもとでは適正利益を確保できず、大きな規模の事業に敗れてしまいます。
　このコスト・リーダーシップと深い関わりのある「規模の経済」とは、**多量の製品を生産することで、製品ひとつあたりの製造コストが少なくなる**という効果が現われることを指します。そして、そのような効果が現われる理由には、主に次の２つがあげられます。
①多くの製品が製造されることで、製品ひとつあたりに転嫁される固定的な費用が少なくなる。
②材料や部品を購入するうえで、購入量が多いほうが、価格交渉を優位に進めることができる
　「規模の経済」について数式でも確認してみましょう。
　あるケーキ店が１日に500個のケーキをつくっていたとします。ケーキ１個あたりの原材料費は120円で、店員の給与や店舗維持費用は１日あたり４万円です。そして、近隣のデパートから、ケーキを１日に100個卸してほしいとの引き合いがあり、特に設備や人員を増やさなくても増産できそうなので、受注することにしました。この増産によって、製

◎コスト・リーダーシップ戦略と「規模の経済」◎

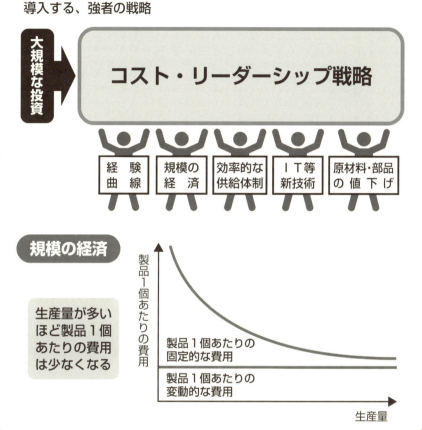

造費用は増加しますが、1個あたりの費用は少なくなり、下表のようにこの事業での利益は増加することがわかります。

1日の生産個数	A	500個	600個
原材料費	b＝a×120円	60,000円	72,000円
給与・店舗維持費	C	40,000円	40,000円
製造費用計	d＝b＋c	100,000円	112,000円
1個あたり費用	e＝d÷a	200円	187円

5-9 地位別競争戦略の活用

地位ごとに競争のしかたを考える

ポーターの基本戦略と並んで著名な競争戦略に、米国の経営学者のコトラーが提唱した**地位別の競争戦略**があります。この戦略は、**業界における地位によってそれぞれ最適な戦略をとるべき**という考え方にもとづいています。自社の事業がどの地位に属しているかは、経営資源の相対的な量と相対的な質で分類します。

		経営資源の量	
		多	少
経営資源の質	高	リーダー	ニッチャー
	低	チャレンジャー	フォロワー

この表だけだと理解しにくいと思いますので、日本の自動車業界と電機業界の例でみてみましょう。

地位	自動車業界	電機業界
リーダー	トヨタ	日立　パナソニック
チャレンジャー	日産　ホンダ	富士通
ニッチャー	スズキ	ソニー
フォロワー	マツダ	三菱

リーダーは、業界で最もシェアが高い会社が位置しています。**チャレンジャー**は、リーダーほどの売上には至らないものの、リーダーに追随する会社が位置しています。**ニッチャー**は、規模は小さいものの、製品の独自性が高い会社が位置しています。**フォロワー**は、業界のなかでシェアの小さい会社が位置しています。

ただし、地位の区分は必ずしも明確ではない点に注意しましょう。たとえば、ソニーの製品の独自性は高いものの、電機業界での売上高ではチャレンジャーに匹敵する規模をもっています。また、地位も固定的ではありません。ホンダの自動車は、かつては製品の独自性が高く、ニッ

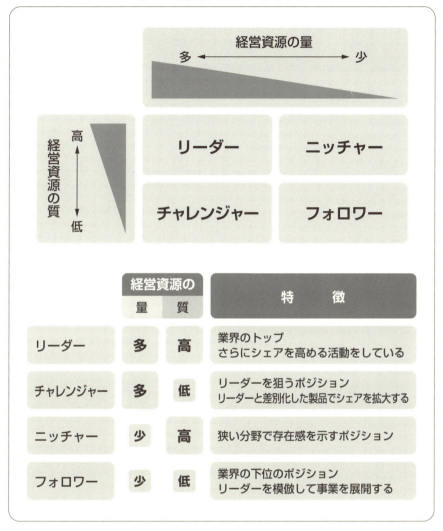

チャーに分類されていましたが、現在は幅広い世代を標的とする自動車を販売し、チャレンジャーに位置していると考えられます。

なお、地位別にとるべき戦略は、主に次のとおりです。
- リーダー…周辺需要拡大戦略、同質化戦略、非価格対応戦略
- チャレンジャー…差別化戦略
- ニッチャー…集中化戦略　　●フォロワー…模倣戦略

5-10 コア・コンピタンスとブルー・オーシャン戦略

比較的新しい2つの競争戦略

　コア・コンピタンス（Core competence：**中核能力**）は、米国の経営学者ハメルとインド生まれの経営学者プラハラードが提唱した考え方です。単に「技術力が高い」とか「スキルが高い」というものではなく、もっと本源的な「顧客に特定の利益をもたらす一連のスキルや技術」と定義しています。そして両氏は、ソニーのウォークマンを例にあげ、コア・コンピタンスは「小型化」で、顧客の利益とは「携帯性」であると指摘し、コア・コンピタンスの要件として、次の3つをあげています。
①顧客から認知される価値をもっている
②競合他社との違いがある
③新製品や新サービスを産み出すことができる

　コア・コンピタンスに該当する強みがあれば、そこに経営資源を集中し、不得意分野は外注するなど外部資源を活用することによって、効率よく自社の競争力を高める戦略をとることができるようになります。

　つぎに、**ブルー・オーシャン戦略**は、韓国の経営学者キムと米国の経営学者モボルニュが2004年に提唱した戦略です。「激しい競争を強いられる限られた市場」をレッド・オーシャンと名づける一方で、「まだ生まれていない市場、未知の市場」をブルー・オーシャンと名づけ、ブルー・オーシャンでは競争相手が存在しないため、競争なしに事業を展開できると説明しています。

　ブルー・オーシャン戦略の例として、任天堂のゲーム機「Wii」（ウィー）があげられます。任天堂は、かつての標的であった10代後半以外の人には、なぜ自社のゲーム機で遊んでもらえないのかを問い直し、その結果、もっと簡単で操作を覚えやすいゲームをつくることにしました。そこで、新しいリモコンを開発し、ゴルフやテニスなどの手の動きをゲームの要素として付け加えることで、かつての複雑なゲームを好んでいた人以外を標的とした新たな市場を創出しました。

◎コア・コンピタンスのしくみとブルー・オーシャン戦略◎

コア・コンピタンス
＝本源的な、独自のスキル・技術の集合体

3つの条件

- 顧客から認知される価値
- 競合他社との違い
- 事業を広げる力

経営資源の集中的投入 → 不得意分野は外部資源を活用（外注）

競争力の高い商品・サービス → 会社の長期的繁栄

ブルー・オーシャン戦略

レッド・オーシャン — 血みどろの競争が繰り広げられている市場

ブルー・オーシャン — 競争のない市場

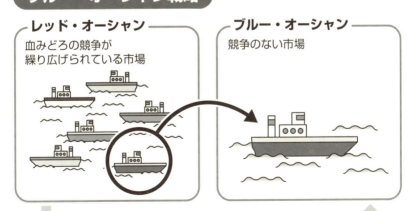

バリュー・イノベーション（差別化と低コスト化を同時に起こすこと）によりブルー・オーシャンを開拓する

5章　会社が生き残るための成長戦略と競争戦略

知っと コラム　デ・ファクト・スタンダード

　デ・ファクト・スタンダード（De Facto Standard）は、「**事実上の標準**」という意味です。

　「事実上の」とは、ISO（4－6項参照）といった、標準化機関が定めた正式な規格（これを「デ・ジュリ・スタンダード」（De Jure Standard）といいます）とは異なり、競争を通して多くの顧客に利用された結果、事実上の標準となることを指します。

　デ・ファクト・スタンダードの製品の例として著名なものは、マイクロソフト社の基本ソフトのウィンドウズや、同社のオフィス・アプリケーションのマイクロソフト・オフィスなどです。

　デ・ファクト・スタンダードとなった製品は、製品そのものの品質だけでなく、既存の利用者が多い製品のほうが利用しやすいというネットワークの外部性（6－10項参照）の恩恵も受けられることから、他の製品に対しての競争力が高くなります。そこで、自社製品をデ・ファクト・スタンダードにしようとする規格争いが、これまでしばしば起きてきました。

　この規格争いで有名な例は、ビデオ規格のベータマックス（ソニー）とVHS（日本ビクターなど）です。画像の品質など、技術としてはベータマックスのほうが優れているといわれていましたが、VHSが勝利した結果となったのは、日本ビクターが技術を公開して他社にもVHS方式のビデオデッキを製造できるようにしたこと、映画会社などに対して積極的に働きかけて、VHSを媒体とした映像ソフトが多く製造されるようになったことなどが理由のようです。

　前述のウィンドウズがデ・ファクト・スタンダードになったことも、マイクロソフト社がIBMに働きかけて、同社の製造するパーソナルコンピュータに採用させたことが大きな要因といわれています。

　これらのことから、規格争いは、必ずしも製品そのものの品質に限らず、マーケティング戦略の巧拙によるといえるでしょう。

6章

マーケティングのしくみと実践的活用法

現代の経営者にはマーケティング志向の経営が求められています。

6-1 マーケティングとはそもそも何か

マーケティング＝販売活動ではない

機能戦略（4-2項参照）のうち、販売戦略に関わりの深いものが**マーケティング**です。「マーケティング」はよく使われている言葉ですが、何を指すのかということについては漠然としているようです。

英語のMarketは、名詞としては「市場」、動詞としては「市場で取引する」という意味ですから、Marketingとは「市場で取引すること」という意味です。ただし、ビジネスで使われるマーケティングとは、もう少し狭い意味で使われており、公益社団法人日本マーケティング協会は、「マーケティングとは、企業および他の組織がグローバルな視野に立ち、顧客との相互理解を得ながら、公正な競争を通じて行なう市場創造のための総合的活動である」と定義しています。

この定義はやや抽象的なので、かみくだいていえば「**マーケティングとは売れるしくみをつくる活動**」ということになります。

また、オーストリア出身の経営学者である**ドラッカー**も「マーケティングの目的は販売活動を不要にすることである」と、同様のことを述べています。

マーケティングは、販売活動（いわゆる、営業や売り込み）としばしば混同されることがありますが、前述のとおり、販売活動とは真逆の視点に立つものであり、かつ、もっと広範囲に及ぶ活動です。

そして、マーケティングの定義も、経済活動の時代の変遷にともなって変化してきているなど、複雑であることから、マーケティングの深い知識については専門書に委ね、本書では、マーケティングの内容については、米国の経営学者である**マッカーシー**の提唱した**マーケティングの４P**で説明したいと思います。

マッカーシーはマーケティングを、「**製品（Product）に関する活動**」「**価格（Price）に関する活動**」「**流通（Place）に関する活動**」「**販売促進（Promotion）に関する活動**」の、４つのPがつく活動に分けています。

◎マーケティングの4Pとは◎

Product	品質、機能、デザイン、色、大きさ、種類の多さなど
Price	販売価格、値引額、値引条件、代金回収条件など
Place	販売方法、販売場所、販売対象者、販売地域、運送方法、保管方法など
Promotion	販売促進の方法、広告の方法、告知の方法など

　そして、提供しようとする製品に関し、4つの活動でそれぞれ適切な活動を選択し、次に、その選択された活動の組み合わせが適切かどうかを検討し、効果のある販売戦略にしていきます。なお、この活動の組み合わせを、**マーケティング・ミックス**といいます。

6-2 セグメンテーションとターゲティングとは

市場を細分化して標的となる市場を決める

　地位別の競争戦略（5-9項参照）を提唱した**コトラー**は、市場を絞り込んでマーケティング活動を行なうことを薦めています。市場の絞り込みにあたっては、**セグメンテーション（市場細分化）**を行ないます。市場の絞り込みにより販売対象が狭まり、製品の販売機会が減少するように感じられますが、次のような利点があると考えられています。
①製品の機能を絞り込み、製造コストを抑えることができる
②販売活動にかかる費用を少なくすることができる
③万人向きの製品は、かえって個性が少なく魅力が減る

　市場の細分化は以下のような変数を使うことが一般的で、これによって、自社の事業を有利に展開することができる市場が明確になります。

地理的変数	地域、人口、地理、気候
人口動態的変数	年齢、性別、職業、所得、家族構成
心理的変数	仕事志向、趣味志向、都会志向、自然志向、社交的
行動変数	常連、初心者、大量消費、少量消費、製品への関心
ベネフィット	快適さ、便利さ、経済性、品質、健康

　セグメンテーションの次の段階は、**ターゲティング**によって標的とする市場を決めます。米国の経営学者コトラーは、同じく米国の経営学者**エーベル**の提唱した三次元事業定義モデルをもとにして、製品と市場の2次元のモデルで、5つのターゲティングの方法を示しています。
①**単一集中化**…あえて狭い市場を選択し、強固な地位を築いて強みを発揮することを狙う。
②**選択的特定化**…収益が期待できる市場を選択して標的とし、事業のリスクの分散を狙う。
③**市場特定化**…自社が特定の顧客からの忠誠心が高い場合、その特定の顧客に対して複数の製品を販売することを狙う。
④**製品特定化**…自社の特定の製品への需要が大きい場合、複数の顧客に

◎セグメンテーション、ターゲティングのやり方◎

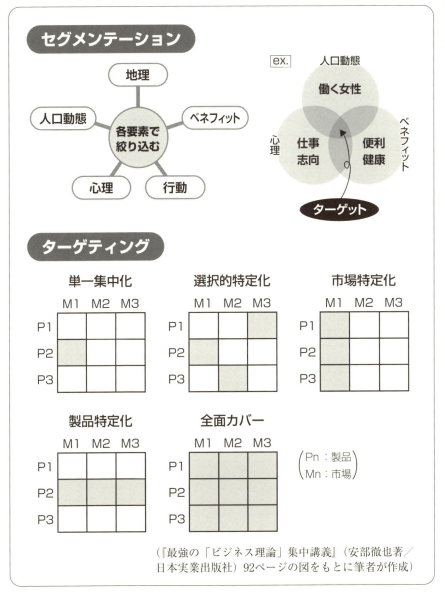

(『最強の「ビジネス理論」集中講義』(安部徹也著／日本実業出版社) 92ページの図をもとに筆者が作成)

対して自社製品を販売することを狙う。

⑤**全市場カバー**…すべての顧客に複数の製品を販売する方法で、経営資源の大きな会社のみが採ることができる。

6-3 ポジショニングによって特徴を明確にする

ポジショニング・マップを使って検証する

　ターゲティングによって、自社製品が優位に競争できる市場を標的とすることができますが、それでも完全に競合相手を避けることは困難です。そこで、標的とした市場のなかで、さらに自社の特徴を明確にして、競争を優位に進める**ポジショニング**という方法がしばしば行なわれます。ポジショニングは、具体的には**ポジショニング・マップ**を使って行ないます。これをアパレル業界の例でみてみましょう。

　まず、自社製品の特徴を示す2つの要因を抽出します。ここでは、「価格重視⇔品質重視」という軸と、「ファッション性重視⇔実用性重視」という軸を使い、その2つの要因を縦軸と横軸にしたポジショニング・マップを作製し、自社製品と競合他社の製品が位置するところにそれぞれマークすることで、自社製品と競合他社の製品がどこに位置し、どのような関係にあるかということが視覚的に明確になります。次に、自社製品のポジションにもとづいて、次のような施策を行ないます。

①**自社製品の特徴をより明確化するために、適切なマーケティング・ミックスを選定し、実施していく**…たとえば、H&Mは、ファッション性を重視して、若者の集まる都心部に集中的に出店しています。また、ユニクロは、ヒートテックなどの実用性のある商品を開発し、顧客の支持を強めています。

②**自社製品に近い場所にライバルの製品があるときは、競合を避けるために、離れた場所にポジションを移すことを検討する**…たとえば、GAPは子ども向けの製品を増やし、若者だけでなく、幼い子どものいる家庭に標的を移しています。

③**ポジショニング・マップに空白の場所があるときは、そこを新たな収益機会ととらえて、別の製品を投入することを検討する**…たとえば、ユニクロはGUという低価格ブランドの店を出店し、低価格指向の顧客の需要を取り込もうとしています。また、しまむらは、ファッショ

◎ポジショニング・マップの例とその後の施策◎

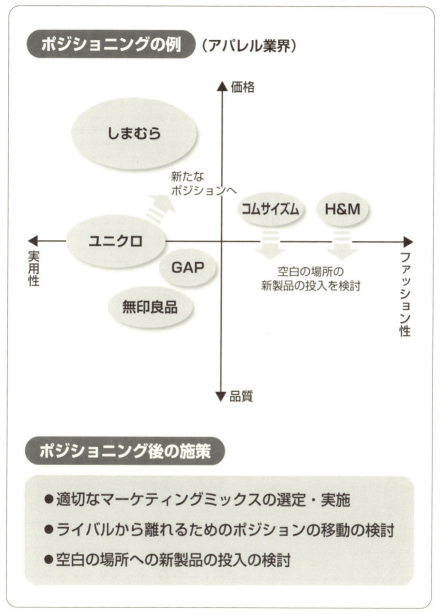

ン性を重視したAvailというブランドの店を出店し、低価格でファッション性のある衣類の需要を取り込もうとしています。

6-4 CRM、FSP、そしてRFM分析とは

優良な顧客には特典サービスを提供する

　最近は、かつてのような大量消費が望めないことから、新たな観点からのマーケティング、すなわち**顧客と会社の関係強化によるマーケティング**が行なわれるようになりました。これは、**カスタマー・リレーションシップ・マネジメント**（Customer Relationship Management：**CRM**）という手法を使って行なわれています。

　顧客との関係は、かつては「商店街の八百屋さん」や「街の電気屋さん」といった店では強固なものがありました。しかし、大量生産・大量販売の手法が大勢を占めるようになると、製品を製造したり販売したりする側（供給者）と、製品を購入する顧客との関係が希薄になってきました。一方、供給者側の競争が激しくなるにつれ、単に製品のよさ、価格の安さなどでは優位に立つことが難しくなってきました。

　そこで、その状況を打開するために、顧客との関係構築に再び視点が注がれるようになり、それを実現する手法としてCRMを取り入れる会社が増えてきました。

　CRMにもとづくマーケティングで代表的なものは、航空会社の**マイレージ・サービス**です。これは、かつて行なってきた、どの顧客にも一律のサービスを提供するということを行なわず、利用頻度の高い顧客に手厚いサービスを提供し、自社への忠誠度、すなわち**顧客ロイヤルティ**の高い顧客を増やそうとする手法です。

　具体的には、利用距離数に応じてマイル（ポイント）を顧客に与え、それを無料航空券などに交換するほか、グレードの高い顧客へはチェックインカウンタを一般顧客とは別に設けて待ち時間を短くする、専用の搭乗待ち合わせロビーを用意するという特典を設けています。このようなしくみにより、**顧客が受けるサービスの質と会社の利益がともに向上**することを狙うものです。

　マイレージ・サービスは、**FSP**（Frequent Shoppers Program）と

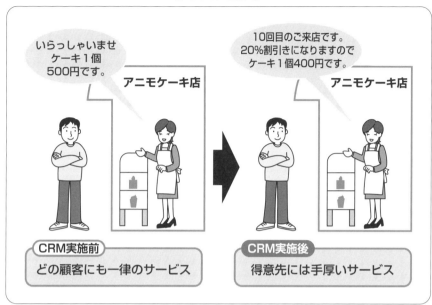

いいます。「Frequent」とは「頻繁な」という意味で、ＦＳＰは**頻繁な購入者向けの対応計画**ということです。ＦＳＰは、マイレージ・サービス以外にも、**ポイントカード**などがありますが、これにより、「何を、いつ、どれくらい、何と一緒に購入したか」というデータを収集できます。ポイントに応じて特典を提供したり、収集したデータにもとづいて効果的なダイレクト・メール（ＤＭ）を送ったりすることができます。

また、顧客から得られたデータの分析手法のひとつに**ＲＦＭ分析**があります。これは、「Recency」（最近の購入日）、「Frequency」（頻度）、「Monetary」（購入金額）の３つのデータで顧客を並べ替え、それぞれの特徴で顧客を分けてグループ化し、グループごとに効果的なマーケティングを行なうことを目的にしています。

ＣＲＭを実践できるようになったことには、ＦＳＰの導入やＲＦＭ分析などを容易にした**情報技術の進展**が背景にあります。すなわち、情報機器の処理速度の向上や、情報機器やメモリの低価格化、通信網の整備などによって、顧客との細かな取引を記録し、そこから適切なマーケティングを打ち出すことができるようになったのです。

6-5 ワントゥワン・マーケティングとは

1対1のマーケティングを実践する

　前項のCRMの考え方をさらに掘り下げた手法に**ワントゥワン・マーケティング**（One to One Marketing）があります。米国のコンサルタント、**ペパーズ**と**ロジャーズ**の2人が提唱した手法で、その名のとおり、会社が顧客1人ひとりの状況を把握し、それにもとづいて**1対1のマーケティング**を実施することです。

　この1対1という、一見わずらわしいと感じられる手法が注目されるようになったことには、次のような背景があると考えられます。すなわち、製品の供給者は、従来は、市場全体の販売額に占める自社製品の販売額である**市場占有率**を意識して努力をしてきました。このような、市場全体に画一的に働きかけるマーケティングを、**マス・マーケティング**といいます。

　しかし、消費者が物質的に豊かになり、市場が飽和状態になるにつれ、従来のマス・マーケティング、すなわち競合他社との顧客の奪い合いは、徐々に効果が低くなってきました。そこで、マーケティングの軸足を新規顧客から既存顧客に移し、既存顧客1人ひとりを意識して製品を販売する方法によって、販売額を増やすことが効果的であると考えられるようになってきています。

　これは、顧客が購入する製品のうち、自社の製品が占める割合である**顧客占有率**（または**財布占有率**）を高めるということになります。

　このワントゥワン・マーケティングを実施することで、顧客との長期的な取引が継続していきます。このようにして、顧客から生涯にわたって得られる利益（＝価値）を、**顧客生涯価値**（Life Time Value：LTV）といいます。LTVは一般的に次の数式で計算されます。

> LTV＝顧客1人への年間販売額×取引年数×利益率

　このLTVを高めようとする会社は年々増加していますが、これは、

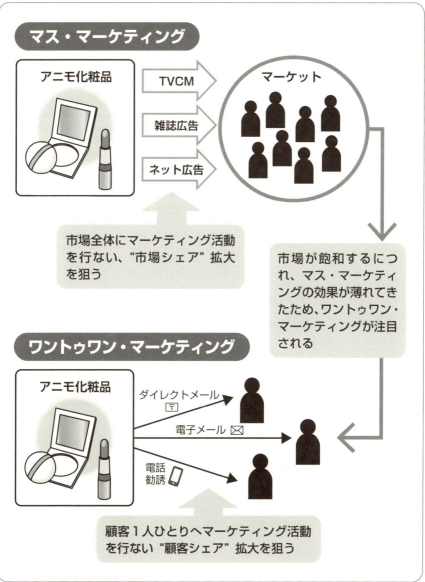

新規顧客を獲得する費用に比較して、既存顧客との関係を維持する費用のほうが少なくてすむというメリットが大きな要因のひとつとなっています。

6-6 ＡＩＤＭＡの法則とは

消費行動のプロセスを流れでとらえる

　この項からは、「マーケティングの４Ｐ」（６-１項参照）の各活動について説明を加えます。まず、プロモーション活動に関係するＡＩＤＭＡ（アイドマ）**の法則**からです。

　ＡＩＤＭＡの法則は、米国の広告の研究家である**ホール**が1924年に提唱したものです。ＡＩＤＭＡとは、「Attention（認知）→Interest（関心）→Desire（欲求）→Memory（記憶）→Action（行動）」の頭文字をとったもので、**消費行動のプロセスを示す**ものです。

　すなわち、消費者は、広告や店頭で商品を**認知**し、**関心**をもち、ほしいという**欲求**を抱き、それを**記憶**して、最終的に購買という**行動**に至るという段階を示しています。

　ホールは、このようなプロセスごとに**適切なプロモーションを行なう**ことが大切であると説いています。すなわち、自社の商品を知らない消費者には、商品を認知させるプロモーションを、自社の商品を記憶している消費者には、それを購買に至らせるためのプロモーションをとることが適切である、ということです。

ＡＩＤＭＡ以外のモデルもある

　ただし、このＡＩＤＭＡの法則は、必ずしもすべての商品にあてはまるとは限らないため、他のモデルが使われることもあります。

　そのひとつは、ＡＩＤＭＡの「Memory」（記憶）を「Conviction」（確信）に変えた**ＡＩＤＣＡ**（アイドカ）です。確信するとは、自分がほしいと思っている商品について、すでに使っている人などの評価などから、本当に買いたいものと確信するということです。

　さらに、インターネットを通して商品を購入するときのモデルとして、**ＡＩＳＡＳ**（アイサス）が使われるようになりました。このモデルのひとつめのＳは「Search」（検索）、２つめのＳは「Share」（共有）で、

◎ＡＩＤＭＡの法則とそれ以外のモデルの◎

　関心をもった商品について検索し、それを購入した後は、ソーシャル・ネットワーキング・サービス（Social Networking Service：ＳＮＳ）で評価を共有するというモデルを示しています。

　これらのモデル以外にも、さまざまなモデルが使われるようになってきていますが、いずれもＡＩＤＭＡを基本とするものです。

6-7 ブランドによるマーケティング効果

顧客が優位な製品として記憶する手段

　マーケティングの４Pのうち、「製品に関する活動」で代表的なものに**ブランド**があります。

　ブランドとは、元来は所有者を区別するために家畜につける焼印を指すものでしたが、それが製品や製造者を区別するための名称、シンボル、デザインを指すようになりました。現代では、「ブランド品」という言葉が高級品を指すように、広く使われるようになっています。

　しかし、マーケティングにおいては、ブランドはもう少し広いものとして考える必要があります。米国のブランド研究者である**ナップ**は、ブランドについて、「顧客や生活者に認識された情緒的・機能的ベネフィットがもたらす印象の蓄積が、こころの眼のなかでとんがった位置づけを占めること」と定義しています。この定義を簡単に言い換えると、「顧客が、ある製品を優位なものとして記憶する手段」といえるでしょう。

　ブランドには、次のような種類があります。

① **ナショナル・ブランド**（National Brand：ＮＢ）…製造業者が製造する製品に使用するブランド。「Panasonic」（パナソニック）や「KIRIN」（麒麟麦酒）など。

② **プライベート・ブランド**（Private Brand：ＰＢ）…卸売業者や小売業者が企画・開発した商品に使用するブランド。「Topvalu」（イオン）、「セブンプレミアム」（セブン＆アイ・ホールディングス）、「CGC」（シジシージャパン）など。

③ **ジェネリック・ブランド**（Generic Brand：ＧＢ）…いわゆるノー・ブランドのこと。ナショナル・ブランドを模倣してつくられ、品名だけを表示し、開発費や広告費を抑えることで利益を得ようとするもの。「無印良品」も、当初はノー・ブランドの商品発想でつくられました。

　また、ブランドには次のような機能があります。

① **出所表示機能**…製造者や販売者を識別できるようになる機能

②**品質表示機能**…製品の品質や性能などが判断できるようになる機能

③**宣伝広告機能**…製造者や販売者のイメージを高める機能。購入した消費者も、その製品を所有することがステイタスになる

④**資産価値機能**…ブランドが価値をもつものとして資産となる機能。ブランドは会社に利益をもたらすものであることから、それを資産価値として認識されることがある

　ブランドによるマーケティングは、高い効果が得られますが、効果のあるブランドを一朝一夕に築くことは難しく、長い期間と費用をかける必要があります。

　しかし、短期間でブランドを得たいとの思惑から、すでに資産価値の高いブランドをもつ会社を買収したり（ジムビームなどのブランドをもつ米国ビーム社のサントリーホールディングスによる買収など）、商標権使用料を支払って他社のブランドを利用したりする（RITZなどのブランドをもつ米国モンデリーズ・インターナショナル社とライセンス契約（平成26年9月に終了）を結んでいたヤマザキビスケットなど）という例もみられるようになりました。

プロダクト・ミックスの活動とは

消費者にはどのような組み合わせが最適か

　マーケティングの４Ｐの「製品に関する活動」で、もうひとつ重要な活動にプロダクト・ミックスがあります。

　プロダクト・ミックスとは、**製造者が、消費者のニーズに合わせて製造する製品の最適な組み合わせ**のことです。コトラーは、製品の組み合わせの視点として、次の４つの軸を示しています。

①**幅**…製品のラインの数
②**長さ**…製品のアイテムの数
③**深さ**…製品の種類の数
④**一貫性**…製品のラインの関連の強さ

　これを、サントリーの製品を例にみてみましょう。

①**幅**…ウィスキー・焼酎・ワイン・ビール…
②**長さ（ビール類のアイテム）**…プレミアムモルツ・金麦・ジョッキ生・オールフリー…
③**深さ（ビール類の種類）**…633ml瓶・500ml缶・350ml缶…
④**一貫性**…酒類・清涼飲料水を幅広く製造・輸入

　同社は、大手酒造メーカーであることから、幅広く、長く、深く、全方位的に製品を揃えることが適切なプロダクト・ミックスといえます。なお、一貫性については、同社が昭和38年にビールの製造を始めたことがあげられます。

　酒造メーカーとして、ウィスキーやワインは納品できても、ビールを卸売業者や飲食店に納品できないことは、取引を避けられがちなため同社にとって不利に働く、すなわち、一貫性が欠けていた状態でした。そのため、ビール事業に参入後も、その事業は赤字が続いていたにもかかわらず、ビールの製造を続け、一貫性を維持しています（なお、同社のビール事業は、参入から45年を経て平成20年に黒字化しました）。

　逆に、製品の独自性が強みである地ビールメーカーのプロダクト・ミ

◎サントリーと地ビールメーカーのプロダクト・ミックス◎

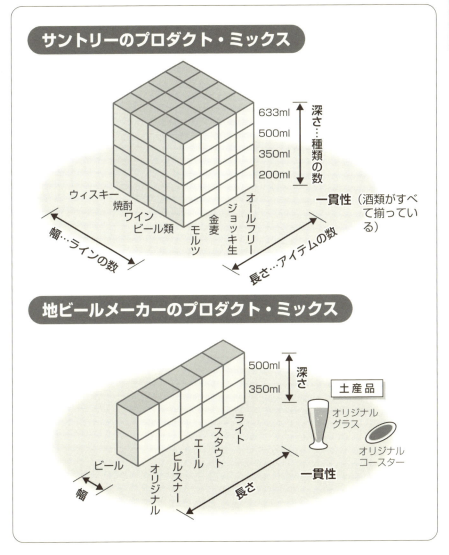

ックスは、狭いほうが適切といえるでしょう。具体的には、幅は、地ビールひとつでもよいかもしれません。長さも、5種類程度で十分でしょう。一貫性については、幅が狭いため、あまり考慮する必要はないでしょう。強いてあげれば、地ビールに関連する土産品などがあると、一貫性が強まるといえます。

6-9 プロダクト・ライフ・サイクルの活用

プロダクト・ライフ・サイクルとは何か

マーケティングの4Pのうちの「製品に関する活動」として、よく、**計画的陳腐化**と**製品寿命の延命化**が行なわれます。これらの前提となる製品寿命＝**プロダクト・ライフ・サイクル**（Product Life Cycle：ＰＬＣ）の考え方から説明しましょう。

ＰＬＣとは、製品には寿命があり、それは市場規模（製品の販売量）によって「導入期」「成長期」「成熟期」「衰退期」の4つの段階に分けられると考えるものです。そして、その各段階に、資金投入量、利益などの特徴が現われます。

製品の段階	導入期	成長期	成熟期	衰退期
市場規模	低成長	急成長	低成長	縮小
資金投入量	相対的に多い	絶対的に多い	減少	少ない
利益	赤字	黒字へ転換	利益大	利益小

①**導入期**

販売を始めたばかりで販売量が少ない一方、販売促進費や広告費などに多くの支出が必要な時期で、事業は大幅な赤字となります。

②**成長期**

販売数量が増加し、それにともなって、増産や販売体制整備のための支出が増加するため、支出額も多額となりますが、製品1つあたりの支出は少なくなり、事業は黒字へ転換します。

③**成熟期**

販売数量の増加は緩やかになりますが、製品の認知度も高く、生産体制も整っていることから、大きな支出はなくなるため、事業から得られる利益額も大きくなります。

④**衰退期**

代替品の出現や顧客の志向が変わることによって、販売量が減少し、事業から得られる利益も少なくなります。

◎プロダクト・ライフ・サイクル（ＰＬＣ）とお金の関係◎

	導入期	成長期	成熟期	衰退期
市場規模	初めは小さい	急成長する	成長が緩やか	徐々に減少
資金投入量	資金需要旺盛	絶対量は多いが相対的には少なくなる	資金需要は徐々に減少	
利益	赤字	徐々に黒字	多くの利益が入る	ただし長く継続しない

　このようなＰＬＣの各段階の特徴は、ＰＰＭ（5-5項参照）の各象限に密接に関係しており、ＰＰＭの「花形」の製品はＰＬＣでは「成長期」の製品があてはまり、ＰＰＭの「金のなる木」の製品はＰＬＣの「成熟期」にある製品があてはまります。したがって、成長期や成熟期にある製品を増やすことが、会社にとって利益をもたらすことになりますが、その方法が、「計画的陳腐化」と「製品寿命の延命化」です。

「計画的陳腐化」と「製品寿命の延命化」の方法

　製品の陳腐化とは、経済的な製品の価値が下がることで、経年により品質が劣化するものとは異なります。

　たとえば、コートは、製造されてから数年経っても、防寒のための衣類としては十分に役立ちますが、流行を加味した場合、数か月後には販売価格は著しく下がることになるでしょう。このように、価格が下落する、すなわち**経済的な価値が下がることが陳腐化**です。

　そして、**計画的陳腐化**とは、既存の製品に機能を加えたり、デザインを変更したりして新たな製品を製造することによって、既存の製品の陳

◎製品寿命の延命化の事例◎

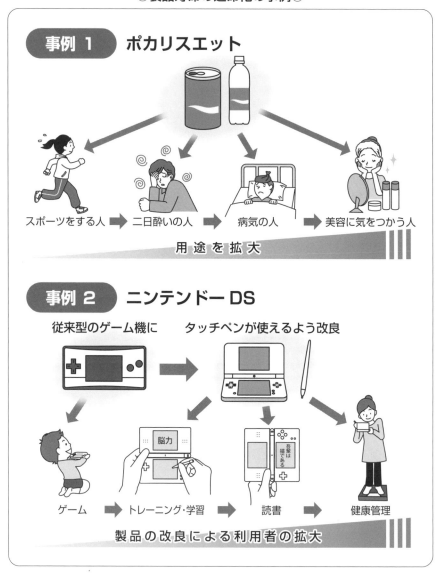

腐化を意図的に早めることです。

　後継となる製品は、既存の製品に改良を加えるものであることから、開発費や販売促進費を抑えることができるうえに、新製品として価格を維持できることになり、それが計画的陳腐化の狙いといえます。

計画的陳腐化によって製造される製品は、ＰＬＣのうえでは、導入期から成長期の期間を短縮することになりますが、その次の後継となる製品で、成熟期の期間も短縮されることになります。ただし、計画的陳腐化によって製造する一連の製品をひとつの製品とみれば、成熟期にある状態が長くなるということにもなります。

一方、**製品寿命の延命化**とは、既存の製品の用途や顧客を広げ、成熟期にある期間を延ばすという手法です。

その代表的な例のひとつは、昭和55年に発売された大塚製薬のポカリスエットです。

ポカリスエットは、当初、スポーツドリンクとして、スポーツをしている人向けに販売されました。しかし、この飲料が体に吸収されやすいという機能は、二日酔いをしている人にも向いているという特性をアピールし、酒類販売店での販売を伸ばしました。

また、ポカリスエットは風邪をひいたりして体調不良の人にも向いていることをアピールして、需要が減少していた冬季での需要を掘り起こしました。さらに、風呂あがりや寝起きなどの水分補給という用途をＣＭで提案し、美容に気をつかう若い女性などの需要も拡大していきました。

もうひとつの例として、平成16年に発売された任天堂のニンテンドーＤＳがあげられます。

任天堂は、同社が製造しているゲーム機の需要が先細っていることへの対策として、同社製品を従来の顧客層から広げようと考え、ペンタッチで簡単に操作できるニンテンドーＤＳを開発しました。これは、従来のゲーム機との互換性も保ちながら、タッチペンを使って利用する脳トレーニングのソフトや、学習ソフト、読書ソフト、健康管理ソフトなど、さまざまな分野のソフトを提供し、需要を伸ばしています。

その後、何度かのモデルチェンジが行なわれましたが、ニンテンドーＤＳは平成28年においても販売が続いている同社のロングセラー製品となっています。

このように、成長期、成熟期にある製品を増やす活動である「計画的陳腐化」や「製品寿命の延命化」は、多くの会社で実践されています。

6-10 価格政策に役立つ2つの方法

高価格で販売するのか、低価格にするのか

　マーケティングの4Pのうちの「価格に関する活動」として、**スキミング・プライシング**と**ペネトレイティング・プライシング**があります。

　スキミング・プライシングとは、新しい製品に関心のある人や、流行に敏感な人に対して、高価格で製品を販売することによって、先行者利益を獲得し、新製品開発費を早期に回収しようとする価格の決め方です。

　「スキミング」とは液体の上澄みをすくい取るという意味で、高額な製品を買うことができる富裕層に対する新製品の販売によって利益をすくい取ることを表わしています。したがって、スキミング・プライシングは、**上澄吸収価格戦略**、**初期高価格戦略**といわれることもあります。

　スキミング・プライシングの例としては、電気自動車やハイブリッド・カーがあげられます。これらは、自然環境への負荷に配慮するという消費者の高いレベルの意識に応える製品であり、高価格でありながら品薄の状態が続きました。

　一方、ペネトレイティング・プライシングとは、スキミング・プライシングとは逆に、新製品を低価格で販売することによって、素早く市場に浸透させようとする価格の決め方です。

　「ペネトレイト」とは浸透するという意味であることから、**市場浸透価格戦略**、**初期低価格戦略**ともいわれます。

　新製品が、ペネトレイティング・プライシングにより低価格で販売されるときは、次のような狙いがあります。
①製品が模倣されやすい場合、急いでシェアを伸ばすことで、他社製品との競合を減らす
②競合他社の参入がないうちに、売上数量を伸ばし、利益を獲得する
③新製品のシェア拡大により、製品の認知度を早期に高める
④新製品の利用者を増加させ、ネットワークの外部性（電話やファクシミリのように、同じ製品の利用者が増えることによって、その製品の

◎ 2つの方法の特徴 ◎

利用価値が増える効果のこと）の効果を得る

　ペネトレイティング・プライシングの例としては、食品、日用品、化粧品など、コモディティ性の高いものに多くみられます。たとえば、ドラッグストアなどで、新しい銘柄の化粧品を安売りして認知度を高め、次回から指名買いをしてもらうことを狙うということがよく行なわれています。

6-11 サービス・マーケティングとは

無形の商品を販売する際のマーケティング活動

　前項まで、有形の製品を販売する事業を前提とするマーケティングについて説明してきましたが、無形の商品を販売するサービス業には**サービス・マーケティング**があります。

　サービス・マーケティングを説明するにあたって、まず、サービスの特性について整理してみましょう。

①**無形性**…形がない

②**同時性**…生産と消費が同時に起き、切り放すことができない（「不可分性」ともいいます）

③**異質性**…提供する人のスキルにばらつきがあったり、利用する顧客の状況が異なったりするため、提供するサービスの品質も同一となりにくい

④**消滅性**…無形であるため保存できない

　これらの特性があることから、以下のようなマーケティングが必要とされます。

　まずひとつめは、「消滅性に応じたマーケティング」です。具体的には、閑散期に利用したり、事前に利用の予約をしたりした顧客に対して割引を行なう、繁忙時に順番待ちをする顧客に飲み物を提供してくつろいでもらうなどの活動を行ないます。

　「同時性に応じたマーケティング」としては、サービスを提供する従業員と利用する顧客の関係強化、顧客データ活用などの活動を行ないます。このようなマーケティングの方法を、**インタラクティブ・マーケティング**といいます。

　そして、「異質性に応じたマーケティング」としては、従業員への教育訓練、インセンティブの提供などの活動があげられます。

　さらに、異質性への対応にとどまらず、サービスの品質を改善し、顧客満足度を向上させるためには、サービスを提供する従業員満足度を高

◎サービス・マーケティングとは◎

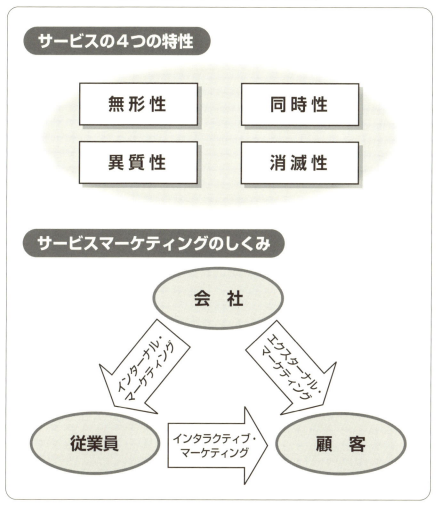

めることも必要である、との認識が高まっています。そのために、職場環境の改善や福利厚生の充実など、働きやすさに注力することが行なわれています。このような活動を、**インターナル・マーケティング**といいます。

なお、インターナル・マーケティングを実施している会社においては、前述の顧客に対するマーケティングと区別をするため、それらを**エクスターナル・マーケティング**と呼ぶことがあります。

知っとコラム　情報リテラシー

　6章で説明したマーケティングのなかには、ＣＲＭやワントゥワン・マーケティングなど、情報技術の進展が大きく貢献しているものがあります。

　これらの手法を実践するには、単にコンピュータやソフトウェアを導入すればよいということにはなりません。これらを利用できる能力を備えた人材も求められます。

　その能力のうち、特に大切なものは**情報リテラシー**です。これは、情報（Information）と識字能力（Literacy）を合わせた言葉で、情報を使いこなす能力を指します。

　情報リテラシーは、コンピュータを使いこなす能力（**コンピュータ・リテラシー**）のことと考えている人も多いようですが、これは、狭義の情報リテラシーです。もちろん、コンピュータ・リテラシーも重要な能力ですが、広い意味での情報リテラシーは、情報を検索したり、情報が有益かどうかを評価したりする能力などが主なものです。

　前述したように、情報技術の進展はマーケティングの発展を支えていますが、それと同時に、規模の小さい会社であっても、規模の大きな会社と同じマーケティングを実践できるようにもなりつつあります。

　ＣＲＭやＣＴＩ（Computer Telephony Integration System：電話とコンピュータの統合システム）などは、ＡＳＰ（Application Service Provider：アプリケーションソフト等のサービスをネットワーク経由で提供するしくみ）により、安価な初期投資で導入できるようになってきています。

　そして、前述のとおり、これらのしくみを使いこなすためには、情報リテラシーを備えた人材が欠かせません。この人材をどう育成するかが、現代のマーケティングの勝負を左右することになるといえるでしょう。

7章

経営に役立つ財務管理のしかた

経営者はどのような視点で会計に臨めばよいのかを、みていきましょう。

7-1 会計は経営者の最も重要な管理の対象

経営と利害関係者とお金の論理

　7章では、経営者とお金の関わりについて説明しますが、まず、経営者はなぜお金を管理しなければならないのでしょうか。

　経営者がお金を管理しなければならない理由は、ひと言でいえば、**事業はお金の流れでもある**からです。

　株主から提供を受けた出資金や、銀行からの借入金は、材料を仕入れたり、製品を製造するための機械を買ったり、従業員に給与を支払ったりします。そして、完成した製品を販売して顧客から受け取った代金のなかから、銀行へ融資利息を、国や自治体に税金を、そして投資家へ配当金を支払います。

　ただし、このお金の流れは、単に理由もなく流れているのではなく、**有機的な要因**が働いています。たとえば、株主は、配当金が安かったり会社の業績が悪かったりすれば、出資金を引き上げようとします。銀行も、貸付金利が低かったり会社の業績が悪かったりすれば、融資を引き上げようとします。従業員も給与が低ければ、モラールが下がったり、別の会社に転職しようとしたりします。仕入先も、買値が低ければ材料を売ってくれなくなります。販売先も、価格が高ければ製品を買ってくれなくなります。これらの**利害関係者**（1－8項参照）からの**貢献**（2－4項参照）を得るには、**誘因**（同前）が必要であり、その誘因の大きな部分を占めるものが「お金」です。

　しかし、これらの利害関係者の要求をすべて満足させることは困難です。そこで、利害関係者から受ける貢献と、利害関係者へ与える誘因を調整しながら、最大の成果をあげることが経営者の最も重要な役割であるということは、2－4項で説明したとおりです。

　「『人はパンのみにて生きるにあらず』という言葉もあるとおり、パンを買うお金を出せばいいというわけではない」と考える人も多いでしょう。この考え方については、2章を通して説明した「ひと」の論理でも

◎「貢献」と「誘因」にもとづいてお金は流れる◎

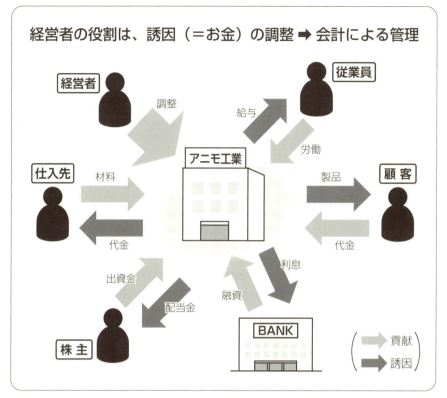

わかるように、金銭といった物理的な要因だけが誘因ではないということも事実です。

その一方で、「人はパン（を買うお金）なしに生きていくことはできない」ということも事実でしょう。さらに、不特定多数の人たちが利害関係者になっているわけですから、その人たちそれぞれの価値観もさまざまであり、それらの価値観に合わせて誘因を与えることは困難です。その面では、金銭は、なべてどの人の価値観にもかなう便利な道具でもあります。むしろ、この便利なお金を集めることによって事業を運営し、さらに新たな金銭的な価値を生み出そうとするものが、「会社」というしくみであるといえるでしょう。

このようなことから、「かね」の論理、すなわち会計については、経営者にとっては最も重要な管理の対象となるものなのです。

7-2 貸借対照表（B／S）の しくみを知っておく

決算日における財政状態はどうなっているか

　貸借対照表（バランスシート＝Balance Sheet：**B／S**）は、資産や負債などの残高（Balance）の報告書（Sheet）という意味で、**決算日**（会計期間の末日）時点で、会社がどのようにお金を調達し、どのように利用しているかという状況（これを**財政状態**といいます）を示しています。

　B／Sは、まず、**借方**（左側）と**貸方**（右側）に分かれます。この借方や貸方という言葉そのものに意味はなく、会計では、単に、左側を借方、右側を貸方と呼ぶものと考えてください。

　B／Sの貸方は、**どのようにお金を調達しているか**を示す項目で、大きく、**流動負債**、**固定負債**、**純資産**の３つに分かれます。流動負債は、主に１年以内に支払期限の到来する借入金や未払金などです。固定負債は、主に１年を超えて支払期限の到来する借入金や社債などです。

　そして、純資産は、主に株主から提供された出資金（資本金）や、過去の利益の蓄積（内部留保）などです。これは、**自己資本**とも呼ばれ、流動負債や固定負債（これらを合わせて**他人資本**といいます）と異なり、支払期限はなく、使途が自由であるということが特徴です。

　また、会社は利益を得るために活動をしているわけですから、決算日を迎えるたびに、内部留保が増えていきます。そして、それは後述する資産を増やすことになります。これは、決算を迎えるたびに、B／Sの金額が大きくなっていくということで示されます。

　一方、B／Sの借方は、**お金をどのような資産に充てているか**を示す項目で、大きく、**流動資産**と**固定資産**の２つに分かれます。流動資産は、主に、現金・預金、事業の対象となる資産である売掛金、受取手形、在庫（棚卸資産）、預け金や立替金など１年以内に現金化される資産です。固定資産は、社屋、敷地、機械、設備、自動車など、事業活動を支える資産と、ソフトウェアなどの無形の資産、長期貸付金など１年を超えて受取期日の到来する債権などです。

◎貸借対照表（B／S）のしくみはこうなっている◎

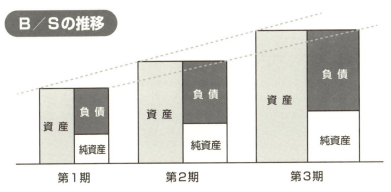

そして、借方の合計額と貸方の合計額は一致し、「流動資産＋固定資産＝流動負債＋固定負債＋純資産」→「**資産＝負債＋純資産**」となります。この式を**貸借対照表等式**といいます。

7-3 損益計算書(P／L)のしくみを知っておく

今期の利益はどうなっているか

会社の業績を示す報告書としてB／Sと並んで重要なものが、**損益計算書**（Profit and Loss Statement：P／L）です。「損失と利益を計算する書類」という意味ですが、損失または利益を計算するための**収入と支出が主な内容**となっています。

P／Lは、会計期間の初日から末日までの、事業活動によって獲得した収入（売上など）を貸方に、事業活動のために支払った支出（仕入、給与、経費など）を借方に、それぞれ加えていきます。このように、B／Sは決算日時点の財政状態を示す静的な報告書であるのに対し、P／Lは会計期間のすべての収入と支出を集計する動的なものであるという点が特徴です。

そして、事業活動は利益を得る活動であるわけですから、通常は収入の金額は支出の金額より大きくなります。つまり、P／LはB／Sと異なり、借方と貸方の金額は一致しません。

収入と支出の差額は利益を示します。この利益から、税金と配当金を支払った残りが、内部留保としてB／Sの純資産の部に加えられます（法人税や配当金を支払うタイミングは、必ずしも決算日とは限りませんが、本書では、理解を容易にするため、決算日に支払うものとして説明します）。

B／Sは、前期のB／Sに当期の資産や負債などの増減を反映させて作成されますが、このP／Lは、会計期間が新しくなると、収入も支出もゼロからスタートして加算されていくという点も、B／Sとは異なります。

なお、B／Sと同様に、P／Lも、本来は借方と貸方に数値を記入するもの（この記載のしかたを**勘定式**といいます）ですが、現在は、上から収入と支出を順に記載し、最後にそれらの差額の利益を記載する方法（この記載のしかたを**報告式**といいます）が一般的となっています。

◎損益計算書（P／L）のしくみはこうなっている◎

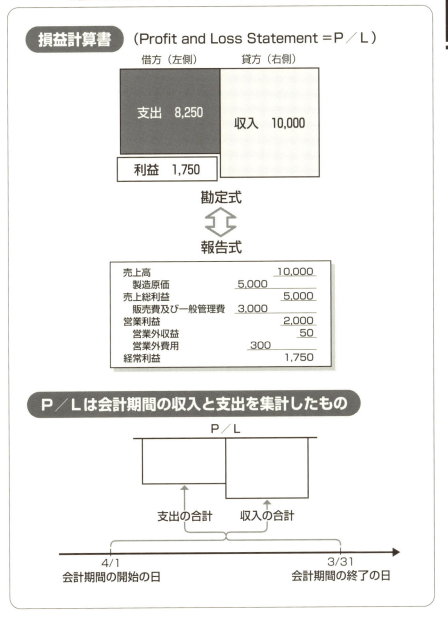

いずれの方法でも内容に違いはありません。そのP／Lの具体的な構造については、次項で説明します。

7-4 P/Lの構造はどうなっているか

当期利益はどのように計算されるのか

　報告式のP/L（以下、単に「P/L」と記述します）の構造についてみていきましょう。

　P/Lの最初に記載されるものは**売上高**です。次に**売上原価**が記載されます。売上原価とは、**その会計期間に販売された商品の仕入代金や、製品の製造に要した費用（材料費・賃金・経費・外注費など）**です。ここで注意しなければならないことは、売上原価は、その会計期間に仕入れた商品の仕入代金や製造に要した費用ではないということです。

　たとえば、会計期間が1月から12月の会社の場合、1月に販売した商品が、前の会計期間の12月に仕入れたものであったときは、前期の決算日時点では、その商品はB/Sに棚卸資産（在庫）として計上され、今期の1月に販売されると、棚卸資産から減らされて、今期の費用になります。ただし、売上原価は実際には次のような式で計算されます。

　　売上原価＝期首の棚卸資産の残高＋当期仕入（生産）高
　　　　　　　－期末の棚卸資産の残高

　売上高と売上原価の差額は**売上総利益**（**粗利益**）といいます。これは、事業で生み出された価値（**付加価値**）に近い金額を示しています。

　次に、**販売費及び一般管理費**が記載されます。販売費は販売促進費や販売手数料などで、一般管理費は管理部門の活動に要する費用である給与、賃借料、光熱費などです。売上総利益と販売費及び一般管理費の差額は**営業利益**といい、事業活動から得られた利益を示します。

　その次に、預金の受取利息などの事業活動以外の収益である**営業外収益**と、借入金の支払利息や割引手形の割引料などの事業活動以外の費用である**営業外費用**が記載されます。そして、営業利益に営業外収益を加え、営業外費用を差し引いた金額である**経常利益**が記載されます。

　最後に、経常利益に臨時的な収益である**特別利益**を加算し、臨時的な費用である**特別損失**を差し引いた金額である**当期利益**が記載されます。

◎ P／Lの構造と売上原価の求め方 ◎

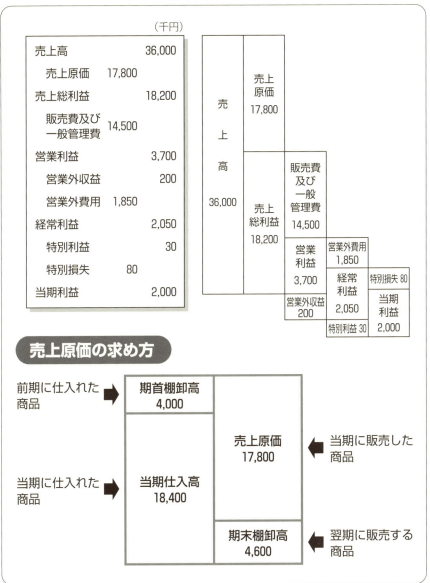

たとえば、会社所有の機械を売却したときに、売却した価額が帳簿上の金額より高い場合はその差額が特別利益であり、逆に、売却した価額が帳簿上の金額より低い場合はその差額が特別損失です。

7-5 経営者が管理するのは利益と現金である

利益と現金がなぜ必要なのかを再確認する

　B／SとP／Lの知識を踏まえ、経営者はどういった観点で会計上の管理を行なえばよいのでしょうか。

　結論からいえば、経営者が管理しなければならないのは、**収益性と流動性**、すなわち**利益と現金**です。これは当然のことと認識していると思いますが、その理由と両者の関係について整理してみましょう。

　まず、利益は、**短期的には会社の維持のために必要**となります。具体的には、利害関係者、とりわけ株主から資金の提供（＝事業のリスクの負担）を受けるためには、その見返りとなる配当金の原資である利益を得なければなりません。株主以外でも、利益が得られない会社は、ほどなく手元の現金が底をつく可能性が高く、従業員は給与を下げられるのではないか、銀行は融資の返済が滞るのではないかという懸念を抱き、安定的な事業運営が困難な状況になります。

　さらに、利益は、**長期的には会社の成長のために必要**です。会社の獲得した利益のうち、配当金と税金を支払った残りは、会社の蓄え、すなわち内部留保となります。これは、出資金や借入金といった外部から提供を受ける資金（**外部金融**）とは異なり、会社が自ら獲得した最も安定的な資金（**内部金融**）です。内部留保が増えれば、会社はより自由にさまざまな事業に資金を振り向けやすくなります。

　一方、現金は、しばしば会社の血液にたとえられるように、これが底をつくと会社の事業が停止します。現金が底をつくと、自らが振り出した手形が不渡りになったり、借入金の返済が滞ったりすることから、社会的な信用を著しく損ない、仕入先から商品を販売してもらったり、従業員に働いてもらうことができなくなります。このようなことから、経営者は、手元の現金がなくならないよう常に注意しなければなりません。

　しかし、手元の現金は多ければよいとは限りません。借方にある現金が増えれば、その分、貸方の借入金もしくは出資金も増えることになり

◎出資の意味と経営者の役割◎

出資の意味

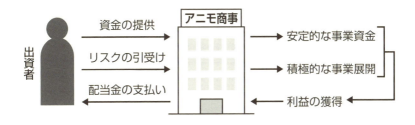

「利益の獲得⇨配当金の支払い」ができなければ、安定的な事業資金を供給してもらったり、積極的な事業展開もできない。

経営者は資金収支を維持する役割をもつ

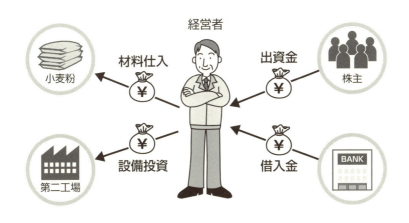

ます。借入金や出資金が増えれば、それにともなうコスト、すなわち支払利息や配当金も増え、会社に残る利益が減少します。そこで、**どの程度の現金を手元に置くことが適切か**ということを判断することが、経営者に求められます。

7-6 流動比率と固定長期適合率を把握する

現金の状況を管理するために必要な経営指標

経営者が管理すべきもののひとつである現金に関連の深い指標として、**流動比率**と**固定長期適合率**があります。

まず、流動比率は次の式で求めます。

流動比率（％）= 流動資産 ÷ 流動負債 × 100

これは、事業活動によって発生する資産である流動資産が、事業活動によって発生する負債である流動負債の何倍かということを示しています。流動資産が多いほど、流動負債の支払いに充てる資金を確保しやすいので、この比率は高いほうが望ましいといえます。日本の会社の流動比率の平均は120～130％といわれていますが、150％以上あると安心です。

流動比率が低い場合、その原因は主に、①商品または製品の販売価格に含まれる利益が薄い、②短期借入金が多い、の2つです。流動比率を改善するためには、事業の採算を改善するか、短期借入金に換えて長期借入金を増やすなどの対策が必要です。

次に、固定長期適合率は次の式で求めます。

固定長期適合率（％）= 固定資産 ÷（固定負債＋純資産）×100

これは、長期間にわたって使用される固定資産が、長期間利用できる資金である固定負債と純資産の合計額のどれくらいの割合を占めているかという指標です。100％以下であれば安定しているといえますが、80％以下となることが理想的です。

固定長期適合率が高い場合は、短期借入金などで固定資産の調達に充てている状況になっていると考えられます。これを改善するには、長期借入金を増やす、増資をする、不要な固定資産を処分するという方法を行なうとよいでしょう。なお、当然のことながら、固定長期適合率が高い場合は、同時に流動比率が低い状況でもあるので、流動比率の改善を行なうと固定長期適合率も改善されます。

固定長期適合率に似た比率に、**固定比率**があります。

◎流動比率と固定長期適合率の計算のしかた◎

流動比率 … 流動資産が流動負債の何倍あるかを示す比率

【ＡＢＣ商会の流動比率】

B／S

流動資産 24,200千円	流動負債 16,100千円
	固定負債 12,000千円
固定資産 12,800千円	純資産 8,900千円

流動資産　24,200千円
────────────────
流動負債　16,100千円

＝150.3%

固定長期適合率 … 長期間使用される資産と、長期間利用
できる資金のバランスを測る比率

【ＡＢＣ商会の固定長期適合率と固定比率】

B／S

流動資産 24,200千円	流動負債 16,100千円
	固定負債 12,000千円
固定資産 12,800千円	純資産 8,900千円

＜固定長期適合率＞

固定資産　12,800千円
────────────────────────────
固定負債　12,000千円 ＋ 純資産　8,900千円

＝61.2%

＜固定比率＞

固定資産　12,800千円
────────────────
純資産　8,900千円

＝143.8%

固定比率（％）＝ 固定資産 ÷ 純資産 × 100

　これは、固定資産を純資産でどれだけまかなっているかを示す指標で、100％以内に収まることが理想ですが、日本の会社では160％程度となっているようです。負債が多い会社は、固定比率を改善することが大切です。

7-7

売上高経常利益率と 総資本経常利益率をチェックする

利益の状況を管理するために必要な経営指標

　現金と並んで重要な管理の対象である利益に関連の深い指標として、**売上高総利益率、売上高経常利益率、総資本経常利益率**の3つをチェックしておく必要があります。

　まず、売上高総利益率は次の式で求めます。

　売上高総利益率（％）＝ 売上総利益 ÷ 売上高 × 100

　これは、売上高に占める、売上総利益の割合を示します。また、売上総利益を、商品の仕入代金または製品の製造に要した費用に自社が加えた付加価値に近い金額と考えた場合、おおよそ**商品や製品に占める付加価値の割合**を示す指標でもあります。この指標は高いほうが望ましいものです。

　次に、売上高経常利益率は次の式で求めます。

　売上高経常利益率（％）＝ 経常利益 ÷ 売上高 × 100

　経常利益は、通常の事業で得られた利益であり、言い換えれば、経営者のコントロールの及ぶ範囲で得られた利益ということから、**会社を評価する際の代表的な利益**でもあります。そして、売上高に占める経常利益の割合である売上高経常利益率も、会社の収益性を示す最もポピュラーな指標です。もちろんこの指標も高いほうが望ましいものです。

　最後に、総資本経常利益率は次の式で求めます。

　総資本経常利益率（％）＝ 経常利益 ÷ 総資産[※] × 100

（※総資産＝流動資産＋固定資産＝流動負債＋固定負債＋純資産）

　前の2つの指標が売上との対比であったのに対し、これは、資産に対する経常利益の割合を示すものです。

　この指標も高いほうが望ましいですが、単に利益が多いか少ないかということだけでなく、借入金が多すぎないか、ムダな棚卸資産や機械・設備がないかということを把握するためにも有用な指標です。不要な借入金や資産をもつことは、コストを増やす要因であることから、経常利

162

◎付加価値のしくみと売上高総利益率◎

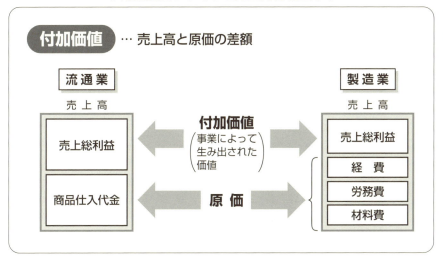

◎資産、純資産に対する経常利益の割合は？◎

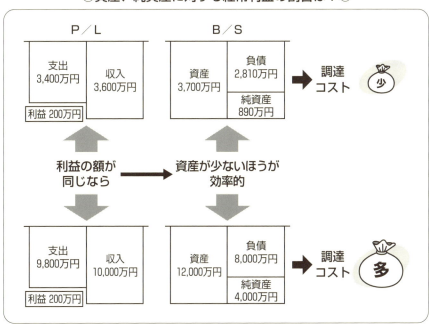

益との対比から、自社の借入れや資産が適切であるかどうかを判断する際の参考となる指標です。

7-8 自己資本比率と財務レバレッジで何がわかるのか

資金調達は可能だろうか

　7－6項では、支払能力の観点から流動比率や固定長期適合率を説明しましたが、**資金を調達できる能力**という観点から分析することも大切です。その能力を見るためのポイントのひとつは、会社の**正味の資産の大きさ**です。正味の資産とは、会社の資産（＝流動資産＋固定資産）から、他人資本（＝流動負債＋固定負債）を除いた金額であり、これは、純資産と同額となります。

　　正味資産＝（流動資産＋固定資産）－（流動負債＋固定負債）＝純資産

　たとえば、銀行が融資を判断する場合、正味資産が多いほうが、返済に充てることができる財産が多いわけですから、より安心して融資できることになります。そこで、純資産の多寡について測る指標として、**自己資本比率**が使われます。

　　自己資本比率（％）＝ 純資産 ÷（負債＋純資産）× 100
　　　　　　　　　　　＝ 純資産 ÷ 資産 × 100

　もうひとつは、利益を得ることによって配当金といった誘因を確保することです。これは、主に株主が提供した資金である純資産に対してどれくらいの利益が得られたかを示す**自己資本経常利益率**で確認します。

　　自己資本経常利益率（％）＝ 経常利益 ÷ 純資産 × 100

　ところで、この式は次のように展開することができます。

　　自己資本経常利益率（％）＝（経常利益÷資産）÷（純資産÷資産）
　　　　　　　　　　　　　　＝ 総資産経常利益率 ÷ 自己資本比率

　この式から、総資産経常利益率が同じ会社では、自己資本比率が低い、すなわち資産に占める純資産の金額が少ない会社ほど自己資本経常利益率は高くなり、多くの配当を期待できるということがわかります。

　これは、前述した、正味資産が多いほど資金調達能力が高くなるということと対立することになります。したがって、経営者としては、正味資産の多寡と、純資産に対する利益の多寡のバランスを勘案しながら、

◎自己資本比率の計算のしかた◎

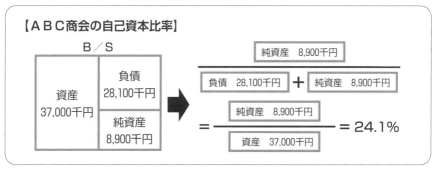

◎財務レバレッジを検証してみよう◎

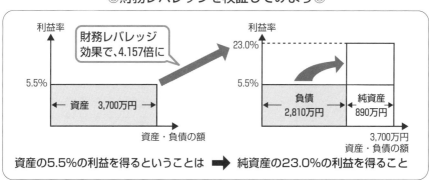

　どのように資金を調達するかということも検討することが必要です。そのためには、資産が純資産の何倍あるかという比率である**財務レバレッジ**を使うと便利です。

　　財務レバレッジ ＝ 資産 ÷ 純資産

　レバー（lever）とは「てこ」のことで、レバレッジ（leverage）は「てこの作用」という意味です。財務レバレッジは、借入金などの負債をてこのように活用して、純資産だけで得られる利益の何倍の利益を得ることができるのかということを示しています。そのてこの効果を**財務レバレッジ効果**といいます。この財務レバレッジは自己資本比率の逆数であることから、自己資本経常利益率の計算式に代入してみましょう。

　　自己資本経常利益率（％）＝ 総資本経常利益率 × 財務レバレッジ

　この式から、財務レバレッジが高いほど自己資本経常利益率が高くなることがわかります。

管理会計はなぜ必要なのか

B／S、P／Lの情報だけでは十分ではない

　B／SやP／Lは、経営者も分析し、事業運営のために活用しますが、その主たる用途は、株主や銀行などの利害関係者に対して情報を提供することです。これを**情報開示**（ディスクロージャー）といい、法律（会社法435条2項等）で義務づけられています。

　そして、利害関係者は不特定多数であることから、B／SやP／Lなどの財務諸表の作成方法は統一されていることも特徴です。

　しかし、現在の経営環境は複雑になり、経営者がきめ細かい判断を行なうには、財務諸表から得られる情報だけでは十分とはいえなくなってきました。

　そこで、経営者がより詳細な情報を得るための工夫が行なわれるようになりました。その方法によって得られた情報を**管理会計**といいます（これに対して、財務諸表などの情報は**財務会計**といいます）。

　管理会計と財務会計の主な特徴は次のとおりです。

	管理会計	財務会計
利用者	主に経営者	主に出資者・銀行
目的	主に将来の見通しを立てる	主に過去の業績を知る
ルール	利用者が自由に決める	統一されている
測るもの	主に金額だが、数量も対象	金額のみ

　管理会計は、さらに細かく分類されています。経営者の役割は「事業の計画を立てること」（PDSのP）および「事業を統制すること」（PDSのS）と一般に認識されていることから、その経営者の役割に合わせて利用される管理会計も**計画会計**と**統制会計**に分けられます。

　さらに、計画会計は利用目的の計画によって、**個別計画のための会計**と**期間計画のための会計**に分けられます。「個別計画のための会計」とは、どのような製品を製造すべきか、新しい設備投資を行なうかどうかといった、個別の課題に対処するための判断を行なうために利用される会計

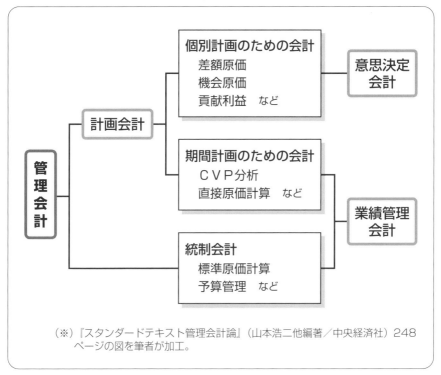

の手法です。一方、「期間計画のための会計」は、将来の一定期間の利益などを計画するために利用されるもので、次項で説明するＣＶＰ分析がその代表例です。

そして統制会計は、**標準原価計算**や**予算管理**などに分類されます。

ところで、3つに分類された会計の手法については、「個別計画のための会計」が経営者の意思決定のために利用されることから、**意思決定会計**と分類され、一方で、「期間計画のための会計」と「統制会計」は業績管理などに利用されていることから**業績管理会計**として分類されることもあります。

なお、管理会計について深く学びたい方は、拙著『図解でわかる 小さな会社の経営に活かす会計 いちばん最初に読む本』（アニモ出版刊）をご参照ください。

7-10 CVP分析を活用する

損益分岐点となる売上高はいくらか

　管理会計の代表的な手法として**CVP分析**（Cost-Volume-Profit Analysis）があります。これは、費用（Cost）、数量（Volume）、利益（Profit）の関係を分析することで、主に、**損益分岐点売上高**（Break-even Point：ＢＥＰ）を求めるときに利用されます。

　ＢＥＰとは、**それを上回ると利益が得られる売上高**のことで、経営者は、ＢＥＰを参考にすることで、利益を得るための計画を立てることが容易になります。

　ＢＥＰを求めるには、**変動費**と**固定費**を使って計算します。変動費とは、売上高に比例して増加する費用のことで、固定費は売上高とは無関係に一定額である費用のことです。本来は、両者とも厳密に計算されるべきですが、中小企業では、売上原価を変動費、販売費及び一般管理費を固定費として考えても支障はありません。

　ＢＥＰの求め方は以下のように行ないます。

　まず、売上高がＢＥＰのとき、利益は０となりますが、これを式で表わすと次のとおりです。

　売上高－（変動費＋固定費）＝０

　これをさらに展開していきます。

　売上高－変動費＝固定費

　　→（売上高－変動費）÷売上高＝固定費÷売上高

　　→１－変動費÷売上高＝固定費÷売上高

　　→売上高＝固定費÷（１－変動費÷売上高）＝ＢＥＰ

　それでは、具体例でＢＥＰを求めてみましょう。ＡＢＣ商会のＰ／Ｌが次ページの表のとおりであったときのＢＥＰは次のように算出されます。

　ＡＢＣ商会の今期のＢＥＰ＝固定費14,500千円÷
　　　　（１－変動費17,800千円÷売上高36,000千円）＝28,681千円

【ＡＢＣ商会のＰ／Ｌの要約】　　　　　　　　　　　　　　（単位：千円）

	計算式	前期	当期
売上高	a	30,000	36,000
変動費（売上原価）	b	15,000	17,800
限界利益（売上総利益）	c＝a－b	15,000	18,200
固定費（販売費及び一般管理費）	d	12,000	14,500
利益（営業利益）	e＝c－d	3,000	3,700
変動費率	f＝b÷a	50.0%	49.4%
限界利益率	g＝c÷a	50.0%	50.6%
損益分岐点売上高（ＢＥＰ）	h＝d÷(1－b÷a)	24,000	28,681

　したがって、同社のＢＥＰは28,681千円であり、当期の売上高36,000千円はこれを上回っていることから、来期もこの趨勢を続けることができれば利益を得られる見通しであることがわかります。ただし、固定費の増加などが原因で、前期より当期のＢＥＰは高くなっていることから、固定費の見直しを行なうことで、より利益構造が改善するでしょう。

◎売上高が「変動費＋固定費」を超えると黒字になる◎

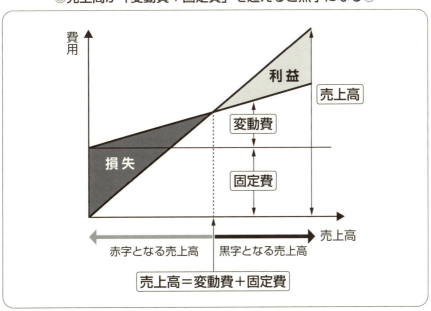

知っと コラム　クラウド会計

　近年、**クラウド会計**の利用者が増えています。

　クラウド会計とは、クラウド・コンピューティング（Cloud Computing）を利用した会計ソフトのことです。

　クラウド・コンピューティングとは、プログラムやデータがユーザーのコンピュータなどにあるオン・プレミシズ（On-premises：自社運用）とは異なり、インターネットを経由して利用するサービスのことです。

　ＡＳＰやＳａａＳ（Software as a Service＝サース：インターネット経由で利用するソフトウェア）もクラウド・コンピューティングの一種です。このクラウド会計で最も著名なものは「freee」で、平成28年3月で約60万事業所が利用しています。

　クラウド会計は、低料金で、あまり会計の知識がない人でも容易に利用できるということ、そして財務分析の機能も充実しているということで支持を得ているようです。

　このクラウド会計によって、経理事務の労力やコストは減少し、経営者は事業そのものに専念できるようになるというメリットがあります。

　ただし、私は、クラウド会計の利用を薦めたいとは思いますが、これをもって、経営者が財務管理を行なう役割を逃れることができるようになるわけではない、ということを指摘しておきたいと思います。

　前述の「freee」は、会計の知識の少ない人でも操作をしやすくしているという工夫が行なわれていますが、これは事務負担の軽減の観点によるものでしょう。

　1章や7章でも説明したように、経営者は「ひと」「もの」「かね」の管理をする役割を担っており、「かねの論理」すなわち、会計に関する知識がなければ、経営者として十分な役割を担うことができなくなるという点に注意していただきたいと思います。

さくいん

【英字】

- AIDCA……134
- AIDMAの法則……134
- AISAS……134
- BCP……96
- BEP……168
- B／S……152
- BSC……84
- CEO……21
- CI……78
- COO……21
- COSO……24
- CRM……130
- CSR……26
- CVP分析……168
- ERP……86
- FSP……130
- IR……28
- ISO9001……88
- IT……86、93
- KGI……85
- KPI……85
- LTV……132
- MRP……86
- OffJT……70
- OJT……70
- PDSサイクル……50
- P／L……154
- PLC……140
- PPM……108
- QC（サークル）……74
- QMS……88
- RFM分析……131
- SBU……68、108
- SECIモデル……90
- SL理論……72
- SNS……135
- SWOT分析……82
- X理論・Y理論……54

【あ】

- アナジー効果……103
- 暗黙知……90
- 意思決定会計……167
- 1対1のマーケティング……132
- イントラネット……93
- インベスター・リレーションズ……28
- 売上原価……156
- 売上総利益……156
- 売上高……156
- 売上高経常利益率……162
- 売上高総利益率……162
- 上澄吸収価格戦略……144
- 営業外収益……156
- 営業外費用……156
- 営業利益……156
- オフィサー制度……20

【か】

- 会社の機関……18
- 階層化の原則……60

171

外部金融	158
科学的管理法	48
拡大化戦略	100
カスタマー・リレーションシップ・ マネジメント	130
株式会社	12
株主総会	12、18
環境分析	82
カンパニー制	66
管理会計	166
管理過程論	50
機械的組織	57
企業	12
企業価値	29
企業資源計画	86
企業市民	26
企業統治	22
企業の社会的責任	26
機能戦略	81
規模の経済	116
キャッシュ・フロー	108
業績管理会計	167
業績評価システム	84
競争戦略	80
共通目的	38
協働システム	36
近視眼的マーケティング	98
クラウド会計	170
グループウェア	93
経営	14
経営会議	20
経営計画	94
経営戦略	80
経営理念	78
計画会計	166
計画的陳腐化	141
経験曲線	112

経済人仮説	35
形式知	90
経常利益	156
系列会社	76
権威	44
権限委譲の原則	61
権限責任一致の原則	60
コア・コンピタンス	120
貢献意欲	38
公私企業接近の原理	32
公式組織	42
５Ｓ活動	75
コーポレート・アイデンティティ	78
コーポレート・ガバナンス	22
顧客生涯価値	132
顧客占有率	132
国際標準化機構	88
コスト・リーダーシップ戦略	114、116
固定資産	152
固定長期適合率	160
固定費	168
固定比率	160
固定負債	152
コミュニケーション	38
コンティンジェンシー・プラン	96
コンティンジェンシー理論	56

【さ】

サービス・マーケティング	146
最高経営責任者	21
最高執行責任者	21
財布占有率	132
財務会計	166
財務レバレッジ	165
差別化戦略	114
差別的出来高給制度	48

事業	14	職能別職長制度	48
事業計画	94	職務拡大	71
事業継続計画	96	職務充実	71
事業戦略	81	ジョブ・ローテーション	70
事業部制組織	64	所有と経営の分離	17
事業ポートフォリオ	68	スキミング・プライシング	144
事業持株会社	67	ステークホルダー	26
資源配分	110	スピンアウト	66
自己資本	152	成長戦略	80
自己資本経常利益率	164	成長ベクトル	100
自己資本比率	164	製品市場マトリックス	100
資材所要量計画	86	製品寿命	140
市場細分化	126	製品寿命の延命化	143
市場浸透価格戦略	144	セグメンテーション	126
市場成長率	108	全社戦略	80
システム4理論	72	全人仮説	35
持続可能性	27	専門化の原則	60
執行役員	20	戦略的事業単位	68、108
シナジー効果	102	総資本経常利益率	162
四半期計画	94	相乗効果	102
社会的責任投資	29	相対的市場占有率	108
社内振替価格	64	ソーシャル・ネットワーキング・	
集中戦略	114	サービス	135
重要業績評価指標	84	組織	32
重要目標達成指標	85	組織の管理原則	60
純資産	152	組織の3要素	38
純粋持株会社	67	損益計算書	154
常勤役員会議	20	損益分岐点売上高	168
条件適合理論	56		

【た】

小集団活動	74
消費行動のプロセス	134
情報開示	28、166
情報技術	86
情報リテラシー	148
正味資産	164
初期高価格戦略	144
初期低価格戦略	144

ターゲティング	126
貸借対照表	152
多角化戦略	100、102、104
他人資本	152
短期計画	94
地位別競争戦略	118
知識経営	90

中核能力 ··········120	プロダクト・ライフ・サイクル ·······140
中期計画 ··········94	分社化 ··········66
長期計画 ··········94	ペネトレイティング・プライシング
デ・ファクト・スタンダード ·······122	··········144
動機付け－衛生理論 ·······55	変動費 ··········168
当期利益 ··········156	ホーソン実験 ··········52
統制会計 ··········166	ポーターの基本戦略 ·······114
統制範囲の原則 ·······60	ポートフォリオ ··········69
特別損失 ··········156	ポジショニング（マップ）·······128
特別利益 ··········156	
取締役 ··········18	

【 ま 】

取締役会 ··········18	マーケティング ··········124

【 な 】

	マーケティングの４Ｐ ·······124
	マーケティング・ミックス ·······125
内部金融 ··········158	マス・マーケティング ·······132
内部統制 ··········24	マトリックス組織 ··········68
ナレッジ・マネジメント ·······90	マネジメント ··········14
人間関係論 ··········53	無関心圏 ··········46
	命令統一性の原則 ·······61

【 は 】

	メセナ ··········30
	持株会社 ··········66
バランスシート ··········152	

【 や・ら・わ 】

バランス・スコア・カード ·······84	
範囲の経済 ··········106	有機的組織 ··········56
販売費及び一般管理費 ·······156	欲求段階説 ··········54
非公式組織 ··········42	
品質管理 ··········74	
品質マネジメントシステム ·······88	ライン・アンド・スタッフ組織 ·······62
ファンクショナル組織 ·······62	ライン組織 ··········62
フィランソロピー ··········30	利害関係者 ··········26、150
不測事象対応計画 ·······96	流動資産 ··········152
負の相乗効果 ··········103	流動比率 ··········160
ブランド ··········136	流動負債 ··········152
ブルー・オーシャン（戦略）·······120	例外の原則 ··········61
プロセス・アプローチ ·······88	レッド・オーシャン ··········120
プロダクト・ポートフォリオ・	ローリング・プラン ··········94
マネジメント ··········108	
プロダクト・ミックス ·······138	ワントゥワン・マーケティング ·······132

六角明雄（ろっかく　あきお）

栃木県出身。岩手大学卒業（経営学、組織論、会計学専攻）。中小企業診断士、ITコーディネータ。地方銀行勤務等を経て、東京都中央区に中小企業診断士六角明雄事務所開設、現在に至る。資金調達支援、事業計画立案支援、幹部育成などの分野で、主に首都圏の会社の支援に携わる。

著書に、『図解でわかる　小さな会社の経営戦略　いちばん最初に読む本』『図解でわかる　小さな会社の経営に活かす会計　いちばん最初に読む本』『図解でわかる在庫管理　いちばん最初に読む本』『図解でわかるリースの実務　いちばん最初に読む本』『図解でわかる棚卸資産の実務　いちばん最初に読む本』（以上、アニモ出版）、『ビジネスマンなら知っておきたい　武器になる会計』（秀和システム）がある。

中小企業診断士六角明雄事務所

〒104-0061　東京都中央区銀座7-13-5 NREG銀座ビル1階
電話　　　050-5539-8814
URL　　　http://www.yuushi-zaimu.net/
Podcast http://tsuyoishachou.seesaa.net/
e-mail　 rokkaku@yuushi-zaimu.net

図解でわかる経営の基本　いちばん最初に読む本

2017年 3 月20日　初 版 発 行
2018年 6 月15日　第 3 刷 発 行

著　者　　六角明雄

発行者　　吉溪慎太郎

発行所　　株式会社アニモ出版

　　　　　〒162-0832 東京都新宿区岩戸町12 レベッカビル
　　　　　TEL 03(5206)8505　FAX 03(6265)0130
　　　　　http://www.animo-pub.co.jp/

©A.Rokkaku 2017　ISBN978-4-89795-199-7
印刷：文昇堂／製本：誠製本　Printed in Japan

落丁・乱丁本は、小社送料負担にてお取り替えいたします。
本書の内容についてのお問い合わせは、書面かFAXにてお願いいたします。

アニモ出版　わかりやすくて・すぐに役立つ実用書

図解でわかる
小さな会社の経営戦略 いちばん最初に読む本

六角 明雄 著　定価 本体1600円(税別)

経営戦略の基本から実際の策定のしかた、実践手法まで、豊富なイラスト図解とわかりやすい解説でやさしく手ほどき。具体的にわからなかったことがスラスラ頭に入ってくる1冊。

図解でわかる
小さな会社の経営に活かす会計 いちばん最初に読む本

六角 明雄 著　定価 本体1600円(税別)

最低限知っておきたい経営会計の基礎知識から、簡単にできる財務分析・経営戦略の決定まで、"会計は苦手"という中小企業の経営者でも、イラスト図解でやさしく理解できる本。

図解でわかる在庫管理 いちばん最初に読む本

六角 明雄 著　定価 本体1600円(税別)

在庫管理のしくみと基礎知識からコスト削減、経営戦略まで、図解とわかりやすい解説でやさしく手ほどき。中小企業経営者や在庫担当者、経理担当者、新入社員にもおススメの一冊。

図解でわかるリースの実務 いちばん最初に読む本

六角 明雄 著　定価 本体1600円(税別)

リース取引に関する法律・会計・税務の基礎知識から、かしこい活用法まで、豊富なイラスト図解とわかりやすい解説でやさしく手ほどき。初めての人でもスラスラ読める決定版！

定価には消費税が加算されます。定価変更の場合はご了承ください。